子育てはだいたいで大丈夫

森戸やすみ

内外出版社

はじめに

子育ては楽しいものです。でも、たいていの人は赤ちゃんが手元にやってきて初めて、「想像していたよりも大変」と思うでしょう。

母乳やミルクを飲めばスヤスヤとよく眠り、あやせば泣きやんで笑い、たまにオムツを替えて……、というイメージは大間違い。そういう子もいるでしょうが、大体はすんなり寝ません。いくらあやしても泣きます。新生児は1日8回程度の授乳をしなくてはならず、飲み終わるとオムツ替えも必要で、母乳やミルクを上手く飲めない場合もあります。

私の友人は「何もできない人間を前にして、すべての責任を自分が負うのだと思ったら怖くなった」と言っていました。私も同じことを思いました。

そして第二子や第三子でも大変ですが、特に最初の子育てでは何を着せるべきか、何時に散歩をするべきなのか、といった些細《ささい》なことから不安になりますね。

私も第一子を産んだときは途方に暮れました。小児科医として働き始めてから出産したのに、仕事で得た知識のほとんどが子育てには役に立たなかったのです。初めは授乳のこと、自分の睡眠不足のことなどが心配でした。離乳食を始めたら子どもが食べないことに悩み、家にふたりきりではよくないのではないかなど、さまざまなことで迷いました。

さらに日本の子育てをめぐる環境は厳しいですね。ことあるごとに「子育ては自己責任」「そのくらい覚悟してから産め」などと言われたり、無理な要求をされたり、根拠のないアドバイスを押し付けられたりして困っている保護者はたくさんいます。

保護者がどれだけ努力をしても、乳幼児が日常的に泣くことは避けられません。それなのに乳幼児の泣き声に対して舌打ちされたり、冷たい空気が流れたりしがちです。子連れの乗車拒否や入店拒否の話を聞くこともあります。公共の場所や乗り物で子どもが泣くたび、身が縮むような思いをしているお母さんやお父さんは多いでしょう。

こうした環境下で何かがあると――たとえば子どもが泣きやまないと、保護者は「成長や発達が遅いのではないか、病気ではないか、そもそも自分の対応がよくないせいなのではないか……」などと自分を責めてしまいがちです。お父さんはもちろん、特にお母さんは世間から責められがちだから、余計にそう感じるのでしょうね。常に誰かの視線を意識して、間違わないように、世間から責められないように、と思うとしんどいものです。

子どものトラブルや不調の原因を自分の問題としてとらえる人は、責任感が強いがんばり屋さんなのだと私は思います。でも、親がどう考えてどう努力しても、思ったように育たないことのほうが多いんじゃないでしょうか？　それが当たり前ではないでしょうか？むしろ、「このような子になってほしい」「理想の子どもを手に入れたい」というのは非現実的で、子どもに重荷を負わせることだと思います。


本書は、朝日新聞の医療サイト『アピタル』の連載「小児科医ママの大丈夫！・子育て」をまとめて、加筆したものです。この連載は、日々子育てに奮闘している多くの保護者のみなさんを少しでも元気づけられるようにと思って書いています。子育て中に、他人から理不尽に責められたとき、不安になったとき、疲れたとき、イライラしたとき、自責の念にかられたときなどに、ぜひ読んでみてください。

子どものために最良のことをしてあげたいという気持ちはわかりますが、自分を犠牲にしすぎると親子ともに疲れます。本当に、子育てはもっとだいたいで大丈夫。

ポイントだけ押さえて楽しく子育てをしましょう。そして、みんなで日本の子育て環境をよくしていきましょう！

目次

第3章 「よくある子育てのデマ」

第4章 「小児医療の正しい知識」

第1章

これを知っておけば大丈夫！

子育てをもっとラクに

「出産の痛みや苦労と、子どもへの愛情は関係ない」

「お腹を痛めて産んだ子ほどかわいい」という言葉は、誰もが一度は聞いたことがあるでしょう。昔から当たり前のように共有されてきた価値観は、本当かどうか検証されないまま、社会に浸透していることが多いものです。

「陣痛の痛みを乗り越えないと本当の母親にはなれない」「陣痛の痛みを感じるからこそ愛情がわいてくるもの」などの陣痛にまつわる〝神話〟ともいえる価値観も、それに当たるでしょう。陣痛の痛みと子どもへの愛情を結びつけ、痛みを母親になるための通過儀礼のようにとらえるというものです。

私は初産のとき、いわゆる自然分娩で出産しました。別に痛みを感じながら産むということに意味を見出していたからではなく、医師という職業上、陣痛がどんなものなのか興味があったからです。その結果は……、ものすごく痛かったです。痛みの程度や持続時間は個人差が大きいですが、私の場合、産んだ直後は疲労で何も考えられないくらいでした。

翌日になっても、後陣痛《こうじんつう》でお腹は痛いし、あちこちに力が入ったためか筋肉痛で全身が痛いし、母乳はまだ1滴も出ていないのに乳腺が張って胸も痛い……、散々でした。それなのに看護師さんからは「安産でしたね」と声をかけられ、安産でこれなら難産はどれほどつらいのだろうと身震いしました。

海外で分娩をした女性の話を読んだことがあります。医師に無痛分娩の説明を受ける際、「歯医者さんで治療してもらうとき、麻酔があるのにわざわざ『痛みを味わいたいので、無麻酔でお願いします』と言う人がいないように、無痛分娩という痛みを和らげる方法があるなら、それを使うでしょう」と言われたそうです。確かにそうです。

一般的に〝痛みがある治療〟と〝痛みがない治療〟の両方の選択肢が用意されていて、条件的に可能なら、後者を選ぶ人が多いでしょう。

けれども、出産となると、少し事情が違ってくるようです。陣痛を神聖化し、それによって子どもへの愛情を測ろうとする人たちがいます。「お腹を痛めて産んだ子ほどかわいい」という価値観を個人が持つこと自体は構いませんが、他人に押し付けてはいけません。

困ったことに医療関係者の中にも陣痛に価値を感じていて、不安に思う妊婦さんたちに精神論で耐えることをすすめる人がいます。そういうことはやめてほしいと思います。

当たり前のことですが、痛みのあるなしで、子どもへの愛情が変わることはありません。私は最初の出産があまりにつらかったせいで、臍帯《さいたい》をしばられている子どもを見ながら、「今、地震が起きても私は疲れすぎていて駆けつけられない……。私には母性がないのかもしれない」と不安になりました。

2回目の出産では無痛分娩を選びましたが、初産のときと違って出産後、無事に産み終えた安堵感、そして愛情だけを感じました。気持ちだけでなく体の回復も早かったおかげで、出産直後から子どもをかわいいと思えたのです。初産のときの不安は、痛みと戦って疲れきっていたせいなのだとわかりました。

医学的にみて、無痛分娩にはいくつものメリットがあります。人は痛みによるストレスがかかると、心疾患や脳血管疾患に悪影響を与えるカテコラミンというホルモンの分泌が増えます。無痛分娩ではその分泌が抑えられるため、もともと心疾患や脳血管疾患がある妊婦さんの分娩でリスクを減らせます。

特に疾患がない場合でも、陣痛時に過呼吸を起こす過換気症候群《かかんき》や、それに続く低換気《ていかんき》によって赤ちゃんにいくはずの酸素が減って危険な状態になるのを防ぐ効果が期待できます。過換気症候群とは、不安や緊張から何度も息を吸ったり吐いたりすることで血中の二酸化炭素が少なくなる状態です。これを受けて呼吸中枢が呼吸を抑制すると、低換気になることがあります。また、血液がアルカリ性に傾くことから血管が収縮し、手足がしびれたり筋肉が収縮したりするので、本人はいっそう不安になって悪化します。

分娩時には、内臓や骨盤を下から支える骨盤底筋群《こつばんていきんぐん》にも負荷がかかりますが、無痛分娩では筋肉が緊張しすぎないので、ダメージが少ないこともわかっています。

薬学博士・池谷裕二《いけがやゆうじ》氏の著書『できない脳ほど自信過剰』（２０１７年、朝日新聞出版）に興味深いことが書かれていました。何かをがんばったあとには、やる気や忍耐力、道徳観が削がれる「自我消耗」という現象が起こるそうです。つまり、つらい思いをすると心の余裕が減るのですね。がんばって痛みに耐えて苦労して産んだ人ほど、子どもをかわいがれる、というのは神話にすぎないでしょう。

無痛分娩で出産する女性は少しずつ増えていますが、日本ではまだ少ないのが実情です。その理由のひとつは、麻酔を行える産婦人科が少ないこと。自然に陣痛が来たときに麻酔がかけられるよう麻酔科医が常に１人はいる医療機関は、国内にわずかしかありません。そのため通常は事前に日時を決めて、計画的に麻酔と陣痛誘発をして無痛分娩にします。

もうひとつの理由として、日本では出産の痛みを神聖化する風潮が強いうえ、無痛分娩の安全性について不安をあおる報道が多いことも挙げられます。たとえば、「無痛分娩で出産の母死亡」と無痛分娩が事故に直接関係したと思わせる見出しで、痛みを避けようとした罰として産婦が死亡したという印象を与えかねない内容の報道がありました。こうした記事を読むと「特別な理由がない限り、無痛分娩はしないほうがいい」と思うでしょう。

無痛分娩は、本当に危険なのでしょうか？

お産の事故で赤ちゃんが重い脳性まひになったケースなどを扱う『産科医療補償制度』の原因分析報告書には、「お産自体に占める無痛分娩の割合と、事故のうち無痛分娩だった割合はさほど変わらず、無痛分娩で事故が増えた傾向はみられない」と書かれています。同制度の原因分析委員長を務める産婦人科医・岡井崇《おかいたかし》氏は、「統計的には、無痛分娩だから脳性麻痺が多くなっているとはいえない」としています。

世界に目を向けると、無痛分娩はアメリカやフランスなど、多くの国で盛んに実施されています。無痛分娩が直接的に原因となって起きる事故がそんなに多いのなら、世界に広まることはないでしょう。

無痛分娩にまつわる根拠のない言説以上に気にしてほしいのは、医療機関の選び方です。産婦人科医が1人、または2人しかいない診療所で無痛分娩の事故が多いことが、報道によってわかっています。お産ができる産婦人科施設は全国的に減っているので、実際には自宅や実家から近いといった条件で選ぶしかないことも多いかもしれません。それでも、もしも選択肢があるなら、産婦人科医が多く在籍していて、麻酔科医がいて、自分や子どもに何かがあったときに輸血ができ、小児科医が駆けつけることができ、大きな病院への搬送がスムーズなところを選ぶようにしてください。

また、何事でもそうですが、無痛分娩にもデメリットはあります。麻酔によってお母さんの血圧が下がることから、胎盤の血流が悪くなって赤ちゃんが苦しくなることがあります。陣痛が弱くなることでお産が長引いたり、鉗子分娩《かんしぶんべん》や吸引分娩《きゅういんぶんべん》になったりする確率も少し増えます。事前に医師によく聞いておきましょう。

小児科医としてお母さんたちと接していると、みなさんとても苦労して妊娠・出産を乗り越え、子育てをしているのだなと思います。当然ですが、自然分娩か、無痛分娩か、帝王切開かという違いはまったくわかりません。母乳育児かミルク育児なのかと同じように、誰にもわからないでしょう。

出産に限らず、医療は痛みや苦労を減らすためにあるものです。必要のない苦労を減らすことに罪悪感を持たないようにしましょうね！　苦労をすればするほど、自分や家族が幸せになるというわけではありませんから。

「なんでも親のせいにできる"愛情不足"はスルーして」

子どもに何か困ったことがあると、「愛情不足じゃない？」と言ってくる人たちがいます。祖父母や周囲の親、近所の人などといった身近にいる人だけでなく、まったく見知らぬ人から言われることもあります。子どもが生まれる前には想像もしなかったことかもしれませんが、生まれてから「こういうことだったのか……」と理解する人も多いのではないでしょうか。

私も、娘が小さかった頃に経験があります。電車でぐずる娘を見た高齢女性がニコニコしながら近づいてきて、「お母さん、もっと抱きしめてあげて」と私を諭《さと》すように言いました。娘が泣いていたのはテーマパークでめいっぱい遊んで疲れていたからで、私が抱きしめて愛情を示さなかったからではないのに。とっさに言葉が出ず、それでも何か言おうとした私に彼女は「いいのよ、わかっているから」という顔でうなずき、去っていきました。

ほかにも子どもが小さいときなら夜早くに寝ない、おしゃぶりが取れない、しょっちゅう風邪をひく、原因不明の病気になる、もっと大きくなってからは非行に走る、発達障害があるとわかる……、ことあるごとに親の愛情不足だといわれます。そういう言葉をまっすぐ受けとめてしまって悩み、お子さんの診察のときに相談される保護者もいます。

ところが、小児科医をはじめ子どもに関わる専門家の中にも愛情の多寡《たか》の話をする人がいるのですから残念なことです。そんな経験を打ち明けてくれる保護者もいて、「もうあの医療機関には二度と行きません」などと憤慨されています。無理もないと思います。子どもが病気やケガをしたときに「愛情不足」だなんて言われると、保護者としてはとても堪《こた》えますよね。あまりに主観的で根拠がなく間違っているうえに、声かけとして不適切で、ご家族との信頼関係を壊す原因になってもおかしくない発言だと思います。

大げさにいっているのではありません。誇張だと思ったらSNSで「愛情不足　子ども」や「愛情不足　医者」で検索してみてください。この言葉を言われて傷つき悩んでいる人たちの声が山ほど出てきます。

私はこういった体験を見聞きするたびに、愛情不足とは、親を責めるのになんと都合のいい言葉なんだろうと思うのです。

愛情というのは、目に見えないものです。手で触れて確かめることもできません。まして数値もないので多い少ないという量を計ることもできないものです。しかし、困ったことに、理屈で理解できないことに出くわすと、このあいまいな言葉を持ち出して、「これが不足しているから悪い」と自分自身を納得させたい人がいるのです。これは言われる親の問題ではなく、言っている人の問題なのだと思います。だけど、言われる側は嫌な思いをしたり傷ついたり、自分を責めたりしますね。

そもそも愛情とは、なんでしょうか。子どもはエスパーではありませんから、親がどれだけ愛情を持っていても、表に出さないと感じることはできません。たとえば、親が抱っこをして目を合わせ、ほほ笑みかけてはじめて、赤ちゃんは愛情を受け取れます。

私は、愛情とは、行動に移すことで伝えられるものだと思います。子どもが空腹だったり清潔な状態でなかったりすると、いくら親が「かわいい」と愛情を感じていても、子どもは同じように思えないでしょう。お腹を満たしたい、清潔でいたいという欲求が速やかに満たされ、保護者と双方向のコミュニケーションが成り立っているという前提のもと、子どもは親の愛情を感じられるはずです。

病気のときも同じです。たとえば「風邪をひいたけれど、寝ているほど具合が悪くない」というときに親ができることは、自宅などの子どもが慣れた環境で、母乳・ミルクや食べやすい食事、清潔な衣服と寝具を用意し、いつでも休める状況下で遊ばせることです。深刻な病気かもしれないと思ったり、症状を和らげる薬が必要だったりしたら、小児科を受診します。こうした一連の行動こそが、愛情ではないでしょうか。

親の愛情について書いてきましたが、愛情が不足していると責められるのは、お父さんよりも、お母さんのほうが圧倒的に多いでしょう。そういった風潮のせいで、子どもに何かあると当のお母さんも自分だけを責めがちです。私もそうでした。誰に言われたわけでもないのに、「なんでもっとしっかりみてあげられなかったんだろう」「母親失格じゃないか」と思い込んでしまっていたのです。不思議ですよね。親は2人いることを、お父さんにも同等の責任があることを、忘れないようにしましょう。

また、もし親が子どもに対して愛情を感じられず、ふさわしい行動がとれないとしたら、「愛情が不足しているから増やしなさい」と指摘しても解決にはつながりません。支援が必要です。実際、子どもに起こる困った事象で、親を責めることで解決するものはないと思います。まして、なんの落ち度もない親を「愛情不足」と決めつけることには害しかありません。子どもに関わる仕事をしている大人には、特に注意してほしいと思います。

「〝3歳児神話〟はもう古い！保育園に預けても大丈夫」

2018年に某国会議員が「0～3歳児の赤ちゃんに『パパとママ、どっちが好きか』と聞けば、どう考えたって『ママがいい』に決まっている。お母さんたちに負担がいくことを前提とした社会制度で底上げをしていかないと、『男女平等参画社会だ』『男も育児だ』とか言っても、子どもにとっては迷惑な話かもしれない」と発言して物議をかもしました。

0歳児で保育園に入れないと、その後は預けにくく、親がいつまでも働けなくなるという問題に対しての発言ですが、「子育てのほんのひととき、親子が一緒にすごすことが本当の幸せだと私は思います」とも言っていました。ここでいう「親子」には、父親は含まれていないようです。ひどい話ですね。

そもそも、この発言は〝3歳児神話〟に基づいているのだと思われます。3歳児神話とは「3歳までは常に家で母親の手で育てないと、その後の成長に悪い影響がある」という考えで、イギリスの精神医学者であるジョン・ボウルビィ氏による1951年の報告が基になっています。彼は、戦争で孤児となり家族から切り離されて育った子どもたちの精神的な遅れを調査し、「子どもが育つ過程で、信頼できる大人との愛着関係を築くことが大事だ」と報告しました。

3歳児神話を信じていれば、0歳児から保育園に預けることには反対するでしょうし、それこそ前項でお話しした「愛情不足」になると言いそうですね。

しかし、3歳児神話はすでに国内外で否定されている考え方です。イギリスでも広まりましたが、現在では完全に過去のものとなっています。もともと、ボウルビィ氏が言いたかったのは「幼少時に信頼できる大人との愛着関係を築くことが大事」ということ。信頼できる大人は必ずしも母親でなくても、父親でも祖父母でも保育園の先生でもいいのです。日本では1998年に出された『厚生白書（平成10年版）』で、3歳児神話は「少なくとも合理的な根拠は認められない」として否定されています。

さらに同白書には、次のようにも書かれています。

母親が育児に専念することは歴史的に見て普遍的なものでもないし，たいていの育児は父親（男性）によっても遂行可能である。また，母親と子どもの過度の密着はむしろ弊害

を生んでいる，との指摘も強い。欧米の研究でも，母子関係のみの強調は見直され，父親やその他の育児者などの役割にも目が向けられている

　ここにある通り、家庭で母だけが育児をすることがすべての人に最適ではありません。父だけで育児をすることが最適とは限らないのと同じです。今は共働き世帯が増えていますし、両親ともに働いていれば、保育園や周囲の人の助けが必要なのです。

　もしも周囲に「こんなに小さい子どもを預けるなんて」と眉をひそめたり、はっきりと「愛情不足」と非難したりする人がいても、気にしないようにしましょう。または3歳児神話が否定されていることを伝えたり、余計なお世話であることを言ったりしてもいいと思います。そんなことを言う人は、どっちみち助けてはくれません。

　それでも、保育園に預けることに罪悪感を持つお母さん、お父さんは多くいます。罪悪感がなくとも、たいていの人は初めて子どもを預ける前には、かなり心配をするものです。私も、娘が入園する前は、あれこれと心配ばかりしていました。

　ですから、ここからは保育園に通い始める前に備えておけること、特に授乳、感染症とワクチンについて触れておきますね。

《授乳について》

保育園に預けるにあたって、まだ授乳中だという人もいるでしょう。母乳育児をしている場合、卒乳を考えることもあるかもしれませんが、赤ちゃんが母乳を欲しがっていて、お母さんも続けたいと思っているなら、無理にやめる必要はありません。

保育園に搾乳した母乳を届ける、保育園と職場が近ければ授乳をしにいくという方法があります。ただ、搾乳した母乳を与えてくれる園は多くはないようです。入園前に相談してダメならば、日中はミルクにして、朝出かける前と帰宅後の夜間、休日は母乳にすれば、母乳育児を続けることができます。日中も搾乳しておくと、母乳の分泌を保てます。

入園を機に卒乳する場合は、事前に夜間や日中などの一定時間は授乳をやめたり、1日の回数を少しずつ減らしたりすることで、徐々に母乳の割合を減らしていきます。ミルク（粉ミルクや液体ミルク）に変えるのは、決して悪いことではありません。これまでがんばって授乳してきた自分をねぎらいましょう。

《感染症とワクチンについて》

「入園すると、最初はいろいろな病気をもらってくる」と聞いたことがあると思います。かかりやすい病気は、なんといっても風邪です。特に初めの数か月は、「今までこんなに熱を出すことはなかったのに……」というくらいウイルス感染をくり返すことがあります。不安になると思いますが、どうか気にしすぎないでください。

季節によって流行するものもあります。冬に多いのは、RSウイルスによる細気管支炎やインフルエンザ、冬から春にかけて多いのはロタウイルス胃腸炎。従来は夏に多い感染症ですが、春から初夏にかけては水ぼうそう、りんご病、おたふく風邪も流行します。

入園して体調を崩すと、予防接種もスケジュール通りにいかなくなります。受けられるものは入園前に済ませておきましょう。0歳のうちに、定期接種の「BCG」「B型肝炎ワクチン」「ヒブワクチン」「肺炎球菌ワクチン」「四種混合ワクチン（ジフテリア、百日咳、破傷風、ポリオ）」、任意接種の「ロタウイルスワクチン」を接種し始めたでしょうか？そして、1歳になったら、定期接種では麻疹《ましん》と風疹を防ぐ「MRワクチン」や「水ぼうそうワクチン」を、任意接種では「おたふく風邪ワクチン」を必ず受けましょう。なお、水ぼうそうワクチンの2回目、B型肝炎ワクチンの3回目は忘れがちなので要注意。3歳から接種のお知らせが来る「日本脳炎ワクチン」は、6か月からいつでも接種することができますので、早く接種したい場合は自治体に問い合わせてみてください。

入園前には、一度、その時点で受けられるワクチンをすべて接種しているかどうか再確認してみましょう。よくわからない場合は、小児科医に相談してみてください。

私が子どもを保育園に入れる前に不安に思っていたことは、すべて杞憂《きゆう》に終わりました。

小児科専門医の私は子どもの病気や小児医療について詳しいのですが、保育に関しては、保育園の先生のほうが詳しかったのです。国家資格を取得して、研修を受けたり自主的に勉強したりしながら日々子どもたちをみているのですから、当然ですよね。安心して子どもを任せられるプロなのだと気づきました。

娘は保育園にすぐに慣れ、家庭ではできないような遊びや行事をたくさん楽しみました。家ではとても少食で困っていたのに、お友だちと一緒に食べる給食を「完食した」と園からの日誌に書いてあって驚いたこともよく覚えています。

登園を心配している保護者のみなさんは、心配なことがあったらひとりで抱え込まず、保育園、幼稚園に質問や相談をしましょう。

保育園や幼稚園、こども園などの幼児教育施設について詳しく知りたい人には、『子どもがすくすく育つ幼稚園・保育園』（猪熊弘子《いのくまひろこ》・寺町東子《てらまちとうこ》共著、内外出版社）という本がおすすめです。それぞれの施設の違い、安全面や教育面のチェック項目などの大切なことがたくさん書かれていて、とても参考になります。

「子連れ出勤ではなく、働き方改革が必要です」

気がつけば、いつのまにか「保活《ほかつ》」という言葉が定着していました。子どもを保育園に入れるための活動をいいますが、都市部では慢性的に保育園が足りておらず、認可はもちろん無認可も見学して申込みをしても入れず、待機児童になってしまうことが多々あります。そうすると父親か母親のどちらかが育休を延長して自宅で子どもの世話をすることになるわけですが、だいたいは育休をとりやすい母親が復職できないということになってしまいます。これを〝よくある話〟にしておいてはいけませんよね。

そこで、2019年に政府が「子連れ出勤」を後押しする方針を打ち出しました。でも、これは保護者と子どもにとって、現実的でベストな解決策なのでしょうか？

ときと場合によって、子連れ出勤をしなくてはいけないことはあるかもしれません。

たとえば保育園に通っている子でも、病気になり、回復はしたけど登園基準には満たないときなどは預け先がなくなってしまいます。とても困りますよね。こんなとき、子どもを連れていっていい職場だと、多くの保護者が助かると思います。

ただ、それが日常的になるとどうでしょう？　まず、当たり前のこととして、小さな子どもは長時間じっと静かにひとりで過ごすことができません。しつけをする・しないという問題ではなく、発達上どうしても大人と同じようにはできないのです。年齢にもよりますが、仕事の場所だろうがなんだろうが、騒いだり、泣いたり、走り回ったり、遊んでほしいと要求したりします。果たして、それらの子どもの要求を満たしながら、まともに仕事を進めることができるでしょうか？

次に、子どもたちが長い時間を過ごす場所には、安全を守るためのルールが必要です。そのため、未就学児が通う保育施設では『子ども・子育て支援法』『児童福祉法』など、さまざまな法律が適用されています。

たとえば、保育園では昼寝の時間に「定期的に子どもの呼吸・体位、睡眠状態を点検すること等により、呼吸停止等の異常が発生した場合の早期発見、重大事故の予防のための工夫をする」という事故防止ガイドラインがあります。睡眠中、特にうつぶせ寝のときに突然赤ちゃんが死亡する乳幼児突然死症候群（ＳＩＤＳ《シッズ》）という病気があることがわかっているためです。

私が園医を務めている区立保育園では、子どもたちがどの向きで寝ていても、5分ごとに呼吸状態を確かめています。子連れ出勤をした場合、そもそも昼寝をさせられるかどうかも不明ですが、さらに呼吸チェックまでしながら働ける職場はまずありません。

また、子どもは保育園でたくさん遊ぶものです。保育施設では子ども1人に対してのスペースが定められていますが、職場に連れていくとなるとその確保はむずかしいでしょう。月齢に合わせて体を使った遊びができるような備えもなく、自由に動きまわれるスペースもなく、誰かが外遊びや散歩に連れ出すこともできません。

さらに、通勤時の安全性はどうでしょう。都市部の場合、子ども連れで長時間、満員電車に揺られたり、人であふれる駅のホームや階段を歩いたりといったことを日常的にするのはとても大変です。危険も多いので、保護者は気が気ではないでしょう。

それに、小さい子はすぐに風邪をひきます。具合が悪いときに寝たり休んだりするのに適していない場所で過ごさせるのはかわいそうですし、保護者にとっても仕事をしながら子どもの微妙な体調の変化にも気を配るというのは至難の業《わざ》です。

「預ける先がないなら職場に連れていけばいい」と言うのはとても簡単です。言うだけなら、誰にでもできます。けれども、残念ながら子どもの身になって考えられたものだとは思えませんし、保護者だって困ることがたくさんあります。

ＳＮＳなどを通じて、海外の子育て事情が垣間見えることがあります。学生が子連れで授業を受けているときに子どもが騒いでしまって、先生がその子を抱っこしてあやしながら授業を続ける……、という動画を見たことがあります。とても心が和む光景でした。

一方、日本では２０１７年に熊本市議が生後7か月の赤ちゃんを連れて議会に出席したところ、なんと退席要請が出されました。その少し前には国会議員が公用車を使って子どもを議員会館内の保育所に預けてから出勤したとしてバッシングされました。総務省のルールでは問題ないとされたにもかかわらず、非難されたのです。

こうした日本の現状を見ても、子連れ出勤が現実的だとはとうてい思えませんね。

少子化を克服したといわれるフランスでは、保育園のほかにも、保育士の資格を持った人が自宅で子どもを預かる〝保育ママ〟制度などの保育政策を充実させたほか、育休中の保護者への手厚い保障、公共施設や民間企業それぞれが行う育児支援対策など、現実に即した施策が功を奏したそうです。こうした根本的で大胆な対策もせず、無理のある子連れ出勤を推進する日本の少子化が解消されることはないでしょう。

私がもうひとつ気にかかっているのは、子どもを産み育てることにまつわる問題がすべて〝女性だけのもの〟とされている点です。

政府が子連れ出勤を打ち出したとき、当時の少子化担当大臣は「赤ちゃんの顔が幸せそう。乳幼児は母親と一緒にいることが何よりも大事ではないかと思う」と語ったと報道されました。その後、「母親だけを対象としたものではない」と釈明したようですが、当然ですよね。乳幼児は父親ではなく母親と一緒にいるべきという考えは、今の時代に合いません。両親という言葉は親が2人いるという意味で、保護者としての責任は等しいものであるべきです。

育児のほとんどを担ってきた女性の中には、政府の見当違いな方針や政治家の放言を「またか」と思った人が多いと思います。無力感に陥りますよね。

私は、男性がもっと育児を積極的にやるようになれば、育児環境が劇的に改善すると考えています。「子どものことは母親」というつもりが父親側になかったとしても、実情を知らなければ当事者意識は持てません。保護者としての当事者意識を持った男性が、一緒に問題解決にあたっていくことが不可欠なのです。

子連れ出勤を推し進める前に、子どもの顔を見る時間も持てない長時間労働や、ベビーカーはもってのほかの満員電車など、改善しなければならないことはたくさんあります。働き方が変われば、育児はたしかに変わります。それは、社会のあり方全体が変わることでもあると思うのです。

「父親も育児参加できるよう排除しないで後押しを」

私は乳幼児健診のとき、最後になんでも自由に聞いていただけるようなオープンクエスチョンをしています。あるとき、「今、お子さんのことで聞いておきたいことや心配なことはありますか？」と尋ねたところ、「介護の仕事の夜勤明けなので、今日、一睡もしていません」と語り始めたお父さんがいました。

大変ご苦労をされている様子でした。公立保育園にお子さんを入れることが認められず、職場の保育室に預けて働いているそうです。夜勤のとき、子どもたちは夜を眠って過ごしますが、お父さんは夜を徹して働きます。夜が明けて家に連れ帰ると、今度は子どもたちの世話に加えて家事があります。眠くて仕方がないのに眠れない……。

お母さんは同じ職種で、職場は別。そちらには保育室がないので連れていくことができず、お父さんとお母さんは入れ替わるようにして出勤しているのだと話してくれました。疲労の色が濃いながらも淡々とした口調で、「自分がうっかり眠ってしまったときに、子どもたちが危険なことをしないかが心配です」と語るお父さんからは、真剣に子育てをしている様子が伝わってきました。

〝イクメン〟という言葉は、2006年頃に生まれたそうです。

お父さんが子どもを連れて小児科に来るのは、今やごく当たり前のこと。土曜日の待合室は、子連れのお父さんたちでいっぱいです。お子さんの症状だけでなく、普段の様子もとてもよくご存じです。私が通勤のときに見かける保育園では、子どもを送りにきている保護者のうちの半分くらいがお父さんです。

私が研修医だった頃は、育児は「お手伝い程度」というお父さんがとても多かったものです。お子さんを外来に連れてきて症状はなんとか言えても、体重は知らない。「日頃どういうものを食べていますか？」「今はそれをどのくらいしか食べられていないですか？」と聞いても、答えられないお父さんばかりでした。

こうして時代はどんどん変わりつつあるのに、いまだに父親による育児には無理解が残っています。冒頭のお父さんはこんな話もしてくれました。

「以前、妻と一緒に自治体の乳幼児健診に子どもを連れていったとき、保健所の人に『お父さんはあちらに行っていてください』と外に出るよう言われたんです。『私はここにいます』といって健診に付き添いましたが」

なんて失礼な話だろうと私は思いました。お父さんは子育ての部外者ではありません。自治体の乳幼児健診では参加者の3割くらいがお父さんなのに、「ご飯はお母さんと一緒に食べましょう」「歯の仕上げみがきはお母さんがやってあげましょう」と終始、お母さんだけに向けて話をする保健師もいるそうです。

少子化が深刻になるばかりの日本ですが、2019年、大臣のひとりが少子高齢化問題に絡めて、「年を取ったやつが悪いみたいなことを言っている変なのがいっぱいいるが、それは間違い。子どもを産まなかったほうが問題なんだから」と発言しました。

私はニュースの「産まなかったほうが悪い」というタイトルを見て、てっきり産まないほうの性、つまり男性が悪かったと反省しているのかと思いました。その大臣は男性です。これまで政治や制度を担ってきたのは男性なので、少子化に対して有効な手立てを講じられなかった自分たちに責任があるという話だと思いきや、そうではなく少子化は出産をしない女性のせいだとする発言でした。政治家である自分を省みず、女性へ過度な責任の押しつけをするなんて、大問題です。

これに対して「発言の一部だけ切り取ったから誤解された」と言う人もいましたが、その人物は2014年にも同じようなことを言っていますから、認識は変わらないまま本音が出ただけではないでしょうか。

国の中枢がこうなのですから、育児をしている父親たちの周囲にまだ古い体質が残っていても不思議ではありません。

いまだに育児休暇を取ることができる男性は、わずかです。「なぜ自分は長時間労働をするばかりで、ほとんど子どもと遊べないんだ」と書きつづったお父さんのブログを読んだことがあります。育児に参加したくても、できないのですね。嘆くのも、ごもっとも。子どもは生まれてしばらくのあいだ、ものすごいスピードで成長します。大変ではあるけれど、大切な時期を一緒に過ごしたい、力を合わせて乗り越えたい、という気持ちはお父さんにもお母さんにも等しくあるはずです。

家庭も社会も経済も、父親の視点が入ることで、もっとよくなることがあるでしょう。

家庭の中では、両親のうちのひとりが食事の支度をしているときに、もうひとりがお風呂に入れてくれたり、翌日の保育園の準備をしてくれたりしたら助かりますよね。また、子どもの身の回りは常に何かを補充する必要があります。「この子の洋服、もう80㎝じゃ小さいね。週末、90㎝の服を買いにいこうか」などと気づく人はひとりより、ふたりいたほうがいいですし、何ごともスムーズにいきます。家族間の会話も増えるでしょう。

企業にとっても、多様な働き方を認めれば、育児で辞める人の流出を防げます。病気になった人、介護が大変な人が働き続けられる環境づくりにもつながります。仕事に割ける時間が限られているとなると、誰もが効率的な働き方をせざるを得なくなり、結果として父親たちの長時間労働も減るでしょう。

女性が子育てで一時的にでも無職になると、本人だけでなく社会的にも損失が大きいといわれています。女性が継続して働くことで世帯所得が向上し、税収が増え、社会保障に回す費用は減ります。

そうすれば、夫婦関係、親子関係、地域との関係ももっとよくなるはずです。

かといって、育児をする男性たちをことさら持ち上げる必要もありません。本来なら、イクメンという特別な言葉の存在がおかしいですよね。育児をする女性がイクウーメンといわれず〝母〟であるように、男性もただの〝父〟でいいのです。

まずは、知らず知らずのうちにお父さんを排除してしまう、そんな意識をちょっと変えませんか？

「〝スマホ育児〟批判は、あまり気にしなくていい」

スマートフォン（スマホ）は、私たちの生活に欠かせないものとなっています。仕事だけでなく、趣味について調べるときも家事について何かを知りたいときにも、ちょっとした時間つぶしにも役立つので、手放せない人が多いでしょう。

しかし、2017年、私も参加する日本小児科医会が「スマホに子守りをさせないで！」というポスターを作りました。[※1] 以下のスマホの使い方の上には、大きくバツのマークが書かれています。

○ムズかる赤ちゃんに、子育てアプリの画面で応えることは、赤ちゃんの育ちをゆがめる可能性があります。

○親も子どももメディア機器接触時間のコントロールが大事です。親子の会話や体験を共有する時間が奪われてしまいます。

○親がスマホに夢中で、赤ちゃんの興味・関心を無視しています。赤ちゃんの安全に気配りができていません。

「子育て中にスマホを使うとこんな恐ろしいことに！」と言いたいのでしょうが、ずいぶんと決めつけた書き方です。私はこれを見て、「スマホを禁止しようとする人たちは、お母さんやお父さんが自分の楽しみのためだけにスマホを見ていると思っているのだな」と感じました。それって本当にリアルな子育てでしょうか。

逆にマルのマークがつく例として授乳中の母子が描かれ、「赤ちゃんと目と目を合わせ、語りかけることで赤ちゃんの安心感と親子の愛着が育まれます」とあります。授乳1回につき短くても15分、長くて1時間近く、ずーっと子どもの目を見て語りかけるのを、1日に少なくて6回、多いと10回以上くり返すなんて、そんなことが可能でしょうか。

また、無理にかがんで赤ちゃんと目を合わせ続けるのは、特に母乳の場合にはお母さんにとってしんどく、赤ちゃんは飲みにくく、授乳姿勢としてよくありません。そのようにしないと本当に安心感は育まれないのでしょうか。そんなわけがありませんね。

「子育てアプリの画面で応える」ことへの批判もありますが、一時的に効果があったとしても、長時間は効果がなさそうですし、発達に影響が出るほど使い続ける保護者はいないのではないでしょうか。

富山県教育委員会が制作した「親学びノート」という冊子があります。※2 その中に「(お母さんがスマホを見ていると) 授乳中、赤ちゃんはどんなことを感じていると思いますか?」「赤ちゃんに授乳するとき、あなたは何を大切にしたいですか?」とお母さんが考え、記入する欄があります。

同じページには、お母さんが友達とのおしゃべりに夢中になってスマホを頻繁に使うようになった、という例が示されています。スマホから音楽のようなものが流れ、お母さんがニッコリしているように見えるイラストもあります。


私は、こうした描かれ方にリアリティを感じません。多くのお母さんやお父さんは必ずしもスマホで遊んでいるわけではなく、育児情報を調べていることも多いでしょう。特に子どもが生まれてすぐは、出産前に好きだった芸能人、よく見ていたドラマなどへの関心は急速になくなることが多いと思います。出産後は時間がありませんし、疲れていますし、生まれたばかりの子どものこと以上に興味深いことはないからです。

「母乳が十分に出ないけど足りているの?」「うんちの回数は1日に何回くらいなの?」「うんちの色は母子手帳に載っているけど、正常なおしっこは何色?」「私の体調不良は受診したほうがいいの？　何科？」「いったいどうしたら子どもが寝てくれるの？」「ミルクはどのくらい足すべきなの？」

初めての出産だと、こうしたさまざまな疑問について、どこでどうやって調べたらいいのかわかりません。図書館や書店で調べようにも、行く機会も時間もありません。そんなとき、困ったお母さんやお父さんは身近にあるスマホを手に取ることも多いのです。

予防接種のスケジュール、身長・体重の記録、お薬手帳のアプリもあります。スマホを見ていることがイコール遊んでいることにはならないですね。

もちろん、中にはスマホでゲームをしているお母さんやお父さんもいるかもしれません。そうだとしても、1日中ゲームをしっぱなしということはないでしょう。子どもが泣いたら家事でさえ中断して駆けつけなくてはならず、あれもこれもやりかけのままなのに、ゲームに何時間もかけるというのは、とても考えにくいことです。

SNSにちょっとした愚痴を書き込んで気分転換したい人、いろいろな記録としてブログを書いている人もいるかもしれません。実生活ではできなくなった趣味のことをネット上で見るだけでも気分が晴れるという話も多くの保護者から聞きます。こういった気分転換をして何が悪いのでしょうか。

以前、「病院の待合室で母親がスマホばかり見て、子どもが椅子から落ちることがよくある」と話す小児科医の記事を見かけましたが、私の周囲では半年に1回あるかないかです。かつてはお母さんやお父さんが子どもから目を離して雑誌を読んでいるときに子どもが転落することが、同じようにたまにありました。雑誌ならよくてスマホはダメだなんて、おかしいですよね。

きっとそうしたときは、スマホでも雑誌でもなく、親が疲れているとか気ぜわしいとか、本人の注意力を削ぐような状況があったのでしょう。待合室に流れている動画や壁に貼ってあるポスターに気を取られていても同じことが起こったかもしれません。

乳児の世話をしていると、わからないことだらけなうえに忙しく、しばしば絶望的な気持ちになることもあります。育児や家事や仕事の合間の息抜きも許されないとしたら、それってあまりにもお母さんやお父さんに厳しい世の中だと思いませんか？

こんな内容のツイートを見たことがあります。「電車で妊婦に席を譲ったら、速攻でスマホを取り出したのでがっかりした。お腹を撫でてほほ笑んで欲しかった」……、あまりの妄想ぶりに、あきれてしまいました。妊婦だって乗り換えをスマホで確認するでしょうし、「何時に着くよ」とメールもするでしょう。ネット記事を見たり、ゲームをしたりもするでしょう。勝手なイメージを押し付けるのもいい加減にしてほしいですね。

これと同じように、子育て中の親――特にお母さんは、24時間子どものことだけを見てほほ笑んでいてほしいという身勝手なイメージを持つ人がいるのでしょう。でも、そんなイメージを押し付けられるいわれはありませんし、あまりにも無理があります。

子どもが少し大きくなると、公共の乗り物や建物内でちっともじっとしてくれなくて保護者が困り果てることがあります。言い聞かせてわかるようになるのは、早くて3歳頃。それでも機嫌が悪ければ、言葉だけで説得するのは無理な相談です。

たとえ注意をされてもわからない年齢の乳幼児が泣いたり騒いだりしたときでも迷惑だと感じ、保護者を強く非難する人がいますが、その人たちは自分もかつてはそういう子どもだったことを忘れているのでしょう。

子育てをする人たちに手を貸すでもなく非難する人たちが多い今の社会を、私はとても悲しいと思います。子どもが泣いたら公共の場に出てくるなといわんばかりの狭量さは、保護者たちを追い詰めます。

そういったときに子どもがスマホを見て静かにしていてくれたら、保護者も子どももすごく助かるんですよね。それなのに、これにもまた「スマホに育児をさせている」と冷たい目を向ける人がいます。

スマホやタブレットを幼い頃から見せるのは、子どもの発達上よくないのではないかという声もあります。これについては、日本小児科医会の「『子どもとメディア』の問題に対する提言」を紹介しましょう。[※3] 2004年、スマホやタブレットが普及する前のものなので、ここでいうメディアはテレビ、ビデオ、パソコンなどを指していますが、スマホについても同じことがいえるでしょう。

① 2歳までのテレビ・ビデオ視聴は控えましょう。
② 授乳中、食事中のテレビ・ビデオの視聴は止めましょう。
③ すべてのメディアへ接触する総時間を制限することが重要です。1日2時間までを目安と考えます。テレビゲームは1日30分までを目安と考えます。
④ 子ども部屋にはテレビ、ビデオ、パーソナルコンピューターを置かないようにしましょう。
⑤ 保護者と子どもでメディアを上手に利用するルールをつくりましょう。

これらは、必ずしも具体的な医学的研究や調査データに基づいた提言ではないと私は思います。「控える」という言葉には、「やめる」という意味と「減らす」という意味があります。2歳までの子どもにテレビをほんの少しも見せてはいけない、と考えるのはさすがに極端すぎます。

1歳を過ぎると、子どもは音楽に合わせて体を動かして楽しそうにします。2歳前後で、子ども番組に興味を持ちます。外出中だけでなく、食事の準備をするときなども、子どもが何かに集中していてくれると、保護者はとても助かりますよね。一時的にテレビや動画等を見せることに罪悪感を持たなくていいんですよ。

ただ、視力については少し気になるところがあります。赤ちゃんの目は未完成で、両目で立体的にモノをとらえられるようになるのは6歳頃といわれています。目を長時間使いすぎれば、近視になる危険性はあるので注意しましょう。

いずれにしても、この提言は「これを完ぺきに守らないと○○になる」と決めつけるものではありません。参考にしながら、スマホやテレビといったメディアとどうつき合っていくかを考えるきっかけにしてはどうでしょうか。

今の保護者世代は、ある程度物心がついてから、携帯電話やスマホを手にした世代だと思います。それに比べて、今の子どもたちはデジタルネイティブ世代などといわれ、生まれたときからスマホやタブレットなどの電子端末が身近にあります。

スマホに限らず、世の中で何か新しいものが持てはやされ、身近な人が自分のわからないものに夢中になると、不安に陥る人がいるのでしょう。世代間の感覚の違いも、きっと大きいと思います。

でも、その不安から他人の行動を変えさせよう、スマホを使わせないようにしようと思うのだったら、根拠が必要です。ただ脅かすことで何かをさせようというのは、「不安商法」と変わりません。

小さな子どもを持つ保護者に、意味のない罪悪感を持たせないように、すべての人に広い心で子育てを見守ってもらいたいと願っています。

※1　日本小児科医会「スマホに子守りをさせないで!」http://www.jpa-web.org/dcms_media/other/smh_poster.pdf
※2　富山県教育委員会「親学びノート」http://www.pref.toyama.jp/sections/3009/hp/oyamanabi_note2016_2.pdf
※3　日本小児科医会『「子どもとメディア」の問題に対する提言』https://www.jpa-web.org/dcms_media/other/ktmedia_teigenzenbun.pdf

「ベビーカー論争の結論は!? 自由にお出かけしよう」

町中を歩いていると、さまざまな方法でお子さんを連れて歩いている保護者とすれ違います。抱っこひもにもいろいろな種類があり、最近はあらかじめ形が形成されているストラクチャータイプが人気のようですね。ベビーカーも多種多様で、時代とともに変化しているんだなぁと感じます。

しかし、ベビーカーに対する人々の意識はどうでしょう。時代にそってアップデートされているでしょうか。

2017年頃、主にインターネット上で、ベビーカーでの公共交通機関の利用の是非を問う〝ベビーカー論争〟が起きました。同年、民間企業が子育て中の女性340名を対象に行なった調査によると「ベビーカー利用時に嫌な思いをしたことがある」と答えた人は、約6割にのぼりました。「嫌な思いをした具体的な場所」の1位は「電車内」で59・3%、次に「駅構内」で50%でした。[※1]

この論争は決着したわけではなく、SNSやベビーカーについて書かれた記事へのコメントで「子どもが小さいうちくらいは、出かけること自体を断念しろ」「電車やバスではベビーカーをたため」などと書く人たちが、今でもいます。

一部の保護者のマナーが気に食わないと思えば、「子連れ様」と揶揄《やゆ》する人たちも見かけます。子連れであってもなくても、迷惑をかける人はどの属性にも必ずいます。自分だって迷惑をかけることはあるでしょう。つくづく残念な表現だと思います。

子連れで出かけるというだけのことが、こんなにもむずかしい社会だと思うと悲しいですね。今の時代、余裕がない人が多いのでしょうか。

そうでなくとも子連れで出かけるというのは、大人だけで出かけるのと違って大変です。赤ちゃんならお腹を空かせるたびに授乳が必要ですし、オムツも変えないといけません。子どもは大人の思い通りにはなりませんし、急に泣いたり、寝たりもします。

ベビーカーでバスや鉄道を利用するにあたっては乗り降りも、ひと苦労です。軽くても3kg、重ければ10kgを超える子どもを抱っこしながら、哺乳瓶や粉ミルクやお湯、または液体ミルク、オムツ、着替えなどの詰まった重い荷物を持って、さらにベビーカーをたたんで電車などを安全に乗り降りすることができるでしょうか。一度やってみれば、無理だとわかるでしょう。

国土交通省による「公共交通機関等におけるベビーカー利用に関する協議会」(「子育てにやさしい移動に関する協議会」に改変)は安全のため、車内でもベビーカーを折りたたまなくてよいとしています。子どもはベビーカーにベルトで固定し、進行方向に対してベビーカーごと後ろ向きにします。そして、ストッパーをかけるなど安全には気をつけましょう。それさえしていれば、冷たい視線を向けられるいわれはまったくありません。

冷たい視線を向けられたら嫌な気持ちになりますし、子連れで出かけること自体に消極的になってしまいそうです。ベビーカーをたたまないと、と無理してしまう人もいるかもしれません。迷惑をかけないようにという一心からだとしても、それよりも親子の安全を最優先にしてください。当然のことですが、外出を自粛しなくていいのですよ。手助けしてくれる人も必ずいますから、自由にお出かけしましょう。

子どもが1人いるだけでも大変ですが、複数いればますます大変です。

2019年には、地方都市の市営バスで双子用ベビーカーの乗車が拒否されたという報道がありました。同市では、大型バスなら双子用でもベビーカーをたたまずに乗ることが認められていたにもかかわらず、「常備されている車いす用スロープを使いたい」というお母さんの申し出に対して運転手は応答しなかったそうです。

結局、女性は1歳の双子を連れて市役所まで約40分歩いたとのことで、そのときの心中を思うと私は胸が苦しくなります。後日、市バスの営業所に問い合わせがあったときも、職員が「2人乗りのベビーカーに子どもを乗せたままでは乗車できない」と誤った説明をしたことがわかっています。

ＳＮＳなどでは、同じく双子や三つ子を抱える人たちから「子どもを抱っこしながらベビーカーをたたむなんて無理」といった反応が相次ぎました。

拒否されたのが双子用のベビーカーだったため、多胎育児の過酷さも話題になりました。２０１８年には三つ子の子育てに疲れたお母さんが、そのうちの1人を死なせてしまった事件がありましたね。エレベーターのないマンションで、三つ子をワンオペ育児。その大変さを想像し、お母さんに心を寄せる声が多かったのが印象的でした。

体外受精の普及によって、双子や三つ子の産まれる割合は急速に増えています。近年は横ばいの傾向にありますが、２０１７年には全体の出生の1・04％を占め、特にお母さんが45歳以上の場合は5・95％と多くなっています。一卵性双生児は時代や人種を問わずにほぼ一定ですが、日本は晩婚・晩産化しているため、不妊治療で子どもを授かる人が増え、二卵性双生児が増えているのですね。

以前、私はＮＩＣＵ（新生児集中治療室）で働いていたので、こうした双子やそれ以上の子たちを何組も受け持ちました。双子のお子さんは見ている分にはとてもかわいいですが、授乳もオムツ替えも着替えも2倍の作業量になります。「トイレに行く暇もない」「食事どころか睡眠時間もほとんど取れない」というのが、多くの保護者の実情です。

多胎児に限らず、子どもというのは少し大きくなると、大人が思いも寄らない行動をするものです。クリニックでも、子どもたちが診察室を駆け回り、ある子は危険な器具を触ろうとし、別の子は母の注意を引きたがります。その大騒ぎぶりを見ていると、子ども1人につき面倒をみる大人が最低1人つくくらいでちょうどいいように思います。予防接種などで3人のお子さんを連れてきたお母さんを前にすると、「よく無事にクリニックに来て、無事に帰っていけるなぁ。なんてがんばっているんだろう」と感心します。

乗車拒否の件に話を戻すと、ネットでは双子を連れたお母さんを「双子なんだからそのくらいは覚悟していろ」「育児は自己責任」と批判する声も目につきました。これは当然見るに堪えない理不尽な批判なのですが、私が同じくらい気になったのは、「市役所に行くためにどうしても必要だったんでしょ」「双子で大変なんだから」とベビーカーに双子を乗せてバスに乗ることの正当な理由をことさらに主張するものでした。

やむを得ない用事や事情がある場合は仕方がないというのは、どこかおかしいと思いませんか？　ただ外出したい、ただ公共の乗り物を利用したいだけの保護者たちはワガママだという印象につながりかねません。

子どもがひとりでも双子でも三つ子でもそれ以上でも、誰でも外出しやすい環境にすることが、今求められていると思います。これは基本的人権の問題なのだと社会全体に認識してほしいのです。

そしてベビーカーで外出しやすくなるための仕組み作りは、社会全体で取り組むものであって、子育て真っ最中の保護者だけに押し付けられることではないと思います。

前述の「子育てにやさしい移動に関する協議会」の活動は、あまり知られていませんね。ベビーカーの使用者だけでなく、周囲にも理解と配慮を求める「ベビーカー利用にあたってのお願い」を作り、ベビーカーを安心して利用できる場所や設備（エレベーター、鉄道やバスの車両スペース等）を示すベビーカーマークを決め、普及に努めています。毎年、ベビーカー利用に関するキャンペーンを実施してもいるんですよ。

国土交通省の「バリアフリー・ユニバーサルデザイン　交通消費者行政／公共交通事故被害者支援」のページには、「子育てにやさしい移動を応援しています！」と宣言する各種自治体や企業が並んでいます。[※2]

東京メトロではエレベーターのみで移動できるかどうか、オムツ替えのできるトイレがどこか、ホームのベンチの有無などをチェックできるスマホのサービスを始めました。[※3] こういった取り組みが増え、浸透することを願います。

かつて子どもでなかった人は存在しないし、この先に老いない人も存在しません。誰もが生まれてすぐは自分の足で歩いて外出できなかったし、いずれまたそうなるかもしれないのです。赤ちゃん、お年寄りだけの問題として考えるのではなく、自分のこととして想像してほしいものです。

そして今、子育て中の人は遠慮しないで出かけて、ときには周囲に助けを求めて、子どもが大きくなったら今度は手助けする側に回れるといいですよね！

遠回りのように思えるかもしれませんが、それこそがベビーカー問題を解決するための近道ではないでしょうか。

※1　KIDSLINE「ベビーカーで嫌な思いをしたママの割合ってどれくらい？【ベビーカー利用実態調査】」https://kidsline.me/contents/news_detail/128
※2　国土交通省「子育てにやさしい移動を応援しています！」http://www.mlit.go.jp/sogoseisaku/barrierfree/sosei_barrierfree_tk_000155.html
※3　東京メトロ「ベビーメトロ」https://www.babymetro.jp/

「祖父母世代と親世代のギャップの埋め方とは」

子どもを連れて歩いていると、いろんな人、特に年配の方から話しかけられることが増えますよね。「かわいいですね」などの肯定的な声かけなら別に嫌な思いもしないでしょう。気にかけてくれるのはありがたいことです。

一方で「母乳で育てているの？」などとプライベートなことを聞かれたり、服装や行動に口を出されたりすると嫌な気持ちになる人が多いでしょう。

たとえば、子どもに靴下をはかせていれば「足が暑いわよ」、靴下をはかせていなければ「足が寒いでしょ」と言われるという話をよく耳にします。昼間に出かければ「暑い時間は避けて夕方にしなさい」、夕方なら「もっとあたたかい時間にしなさい」と、なぜか命令形で話しかけてくる人もいるようです。

アドバイスしてくる内容が古かったり、デマだったりするのもよくあることなので厄介です。「熱が出たときは温めると治る」「抱き癖がつくから抱っこしないほうがいい」などといったことは迷信でしかありません。昔は常識と思われていたことが、今では非常識であることも多いのです。

さらに、昔はなかった新しく便利なものはすべて否定されがちですよね。車に乗る際に安全のために義務付けられているチャイルドシードに乗せれば「窮屈でかわいそう。昔は抱っこで乗ったのに」、飛び出したりしないようにハーネスをつけていたら「子どもがかわいそう。犬みたい」などと言う人がいるという話も聞きます。

こういった声かけをされるのは、なぜかお母さんが多いですよね。屈強そうなお父さんに、上から目線のアドバイスをする人は少ないでしょう。求められていないアドバイスをする側は、口に出す前に一度「大きなお世話かも」と考えてほしいものです。

一般的に親になる、または親になった人は、出産、育児情報に対してのアンテナの感度が高くなります。自分のことですもんね。熱心に勉強される方が多いと思います。きっと、祖父母世代もかつてはそうだったのでしょう。けれど、時代が変わっているので、親世代と祖父母世代とのあいだで言葉が噛み合わなくなるのは無理からぬことなのです。

町中で言われるのは、まだ逃げられるからいいかもしれません。身近な祖父母世代に間違ったアドバイスをされると最も困るでしょう。

「私は大丈夫だと思うんですけど、母が『小児科でちゃんと診てもらいなさい』と言うので連れてきました」と言って、小児科の外来に子どもを連れてくる親――特にお母さんは少なくありません。たいていは、ちょっと困った表情をしています。〝母〟のところが、父、義母、義父になることもあります。たまに、夫という人もいます。私が診てみると、誰よりも長く子どもの面倒を見ているお母さんが「大丈夫だと思う」と感じているだけあって、まったく問題ないのです。

おばあちゃん、おじいちゃんも孫のことがとても心配なのでしょう。でも十分な知識がないから、病院をすすめる。善意からというのは間違いないにしても、そこには自分たちが安心したいという思いもあるはずです。だからこそ困るのです。

お母さんやお父さんも、日頃から子どものことをかわいがってくれている身近な人たちとはぎくしゃくしたくないものです。かといって、彼らの言うことを全部聞いて、ただでさえ大変な育児をより大変にしたくない……。そんな思いの板挟みになります。

こういった問題は、ときに深刻な事態になることもあるでしょう。慣れない育児で心身に余裕がないお母さんやお父さんが思わず反発したり、その知識の古さや不勉強を感情的に指摘したりすると、関係が一気に悪化してしまうかもしれません。特に子どもが小さいうちは、お母さんやお父さんだけでなく、多くの人が協力して育児をしたほうがラクです。

おばあちゃんやおじいちゃんとのあいだに行き違いが起きて揉めたり、協力を得られなくなったりすると、苦労が増えるでしょう。

この問題を助言する側から考えてみましょう。「自分のときはこうしたらうまくいった」とアドバイスする人がいます。育児はとてもナイーブで、個人的な体験です。お母さんとお父さんごとに、子どもごとに、家庭ごとに事情は違うものなので、外から見た人が簡単にアドバイスしていいものではありません。自分の場合はうまくいっても、別の家庭ではそうではないこともあります。

これはアドバイスする側の問題です。親子、家族という近しさから助言したくなるのはわかるのですが、個人的な成功体験を押し付けられると、誰だっていい気がしませんよね。今の育児がどうなっているのか、どんなふうに伝えたらいいのかを知ったうえで声をかけるのなら、お互いに気持がよく、スムーズに問題解決に向かうでしょう。

そこで、私は2017年に『祖父母手帳—孫育てでもう迷わない！　祖父母&親世代の常識ってこんなにちがう？』(日本文芸社）という本を監修しました。お母さん、お父さんになった人たちとおばあちゃん、おじいちゃんたちが世代を超えて一緒に子育てについて学んでほしい、という希望を込めた一冊です。今の子育てと昔の子育ての違いや最新の情報のほか、「これを言ってはNG」「こういう言い方をすると協力しやすい」という具体例をたくさん載せています。助言を受ける側から祖父母世代に、こういった本を見せるのもひとつの手です。

一方で、そういった余計なお世話をする人はそう簡単には変わらないので、なんでも適当に聞き流す〝スルースキル〟を身につける、もしくは適度に反論して距離を保つという技術を身につけるのもいいでしょう。

それがむずかしい場合、あまりにも心の負担になるような場合は、接触の頻度を減らすのがいちばんです。大変なときに無理して会わなくてもいいのです。余裕のあるときにだけ会うようにすれば、問題が起こりにくいでしょう。

手助けが必要な場合は、保育園や幼稚園、保育ママ、ファミリーサポート、ベビーシッター、家事代行サービス、その他の行政サービスなどを利用するという手もあります。親族以外でも、頼れる先は多ければ多いほどいいでしょう。さまざまな情報を日頃からチェックして、なるべくストレスのかからない方法を考えてみてくださいね。

第2章

これを知っておけば大丈夫！
心配になりがちなこと

「赤ちゃんを寝かせて、産後うつを予防するには」

昔から「寝る子は育つ」と言ったり、「赤ちゃんは寝るのが仕事」と言ったりします。これだけを聞くと、乳児はいつも寝ているような印象を受けますが、実際は「ウチの子、ぜんぜん寝てくれなくて……」と悩む保護者の多いこと多いこと。

子どもが思うように眠ってくれないと、お母さんやお父さんはどうしてなのかわからず、途方に暮れて絶望を感じます。こんな状態では満足に眠れるはずがありません。

産後1年までの妊産婦の死因は、自殺が最多である、という国立成育医療センターによる調査結果が発表されました。[※1] 衝撃的な事実だと思われるかもしれませんが、小児科医からすると、相談に来るお母さんたちの不安そうな顔から理解できるところがあります。以前から出産後の女性の10人に1人が産後うつを発症することが指摘されていて、専門家は自殺と関係していると考えています。[※2]

では、産後うつの原因とは？

容易に想像がつきますよね。そのひとつは睡眠不足です。十分な睡眠をとれないことが母親のメンタルヘルス・抑うつの程度を悪化させると、ほかの調査でわかっています。眠れない、眠ってもすぐ起きなければならないというのは誰にとってもつらいことですが、特にお母さんの場合は出産によって体力を使い果たしているうえ、「赤ちゃんを眠らせないと」というプレッシャーがセットになっているので、余計にしんどい状況になります。

生まれたばかりの赤ちゃんは、空腹なとき以外はあまり泣かず、その後は泣く回数も時間も増えていきます。夜泣きや夜間覚醒のたびに起きてあやすのは1日、2日でもしんどいですよね。夜泣きのピークは生後6～8か月で、長いと3歳まで続くという調査もあります。出産後のお母さんは疲労が蓄積し、こんな毎日が果てしなく続くのではないかと絶望感を抱きます。これでは参ってしまうほうが自然なのでは、と思うくらいです。

赤ちゃんは生後4か月くらいまで1日に寝たり起きたりを何度もくり返し、そのうちにだんだんと夜に長く眠るようになります。それ以降も長時間揺り動かしたり、車に乗せたりしないと寝ないような場合は、「小児行動性不眠症」と呼ばれます。

アメリカ睡眠医学会が出している、小児行動性不眠症の診断基準を紹介しましょう。

○入眠時関連型……寝入るのに時間がかかり、夜中に何度も目が覚めるタイプ。乳児期後半から幼児期に起こりやすい。

○しつけ不足型……眠るのを嫌がって布団に入りたがらなかったり、一度布団に入っても出ていったりするタイプ。幼児期から学童期に起こりやすい。

「入眠時関連型っていうけど、そうでない子がいるの?」と思われた方もきっといるでしょう。そのくらいよくある、子どもの不眠ですね。赤ちゃんのわが子を夜中にあやしながら、「眠いなら寝ればいいのに」と睡眠不足の目をこすったことのない親がいるでしょうか。もちろん、私も経験者のひとりです。

子どもがどのくらい寝ないと不眠という医学的な定義はありませんが、欧米では5~20%の子どもが小児行動性不眠症だとされています。

ですから、「ウチの子だけかも」「私が親としてダメだからなのかな」と悩んでいる保護者のみなさん、寝ない赤ちゃんというのは決してめずらしくないので、まずは自分を責めないでくださいね。

子どもが寝なければ、親は疲れきってしまいます。そこで、最近の小児科関連の医学雑誌によく載っている「消去法」をご紹介します。

日本では、多くの保護者は子どもが泣いたらすぐに授乳や抱っこをしたり、寝つくまでそばにいてあげたりすると思います。アジア圏では、大人と子どもが添い寝をするのが一般的なのです。もちろん悪いことではなく、愛着も育ちますが、一方で子どもが「寝なければ、親がずっとそばにいてくれる」と誤った学習をしてしまいます。

寝かしつけの習慣は、国や地域によって異なるものです。欧米では生まれて数日したら、親子は別の部屋で夜間を過ごします。子どもがひとりで眠ることを学習するために合理的な方法とされているのでしょう。消去法というのは、こうした「寝なければ、親がずっとそばにいてくれる」という誤ったご褒美を取り除き、子どもが自分で自分を落ち着かせ、眠るスキルを育てる方法です。

具体的には、親が子どもを決まった時間に布団に寝かせたら、朝まであまり手を出さないようする、ただそれだけです。必要な授乳はしますが、夜泣きをしたからといってすぐに授乳や抱っこ、眠るまであやすということは、なるべくしないようにします。赤ちゃんがふにゃふにゃ言っていると、つい抱っこしてあげたくなりますが、そのせいでかえって眠れなくなってしまうことがあるので、あえて手を出さないのですね。

細かいところは、子どもの個性や家庭の事情に合わせてもいいと思います。たとえば、朝7時までは一切対応しないと決めてもいいですし、泣いたりかんしゃくを起こしたりしたときは、あらかじめ決めておいた時間（5～15分程度）だけ待って、それでも治まらなければ様子を見にいくルールにしてもいいです。親と同室で眠るけれど一切対応しない、という方法もあります。お子さんの様子を見ながら、自分たちにできそうなやり方を試してみてはどうでしょうか。

どのみち、保護者が隣にいて一緒に横になっていたらむずかしいと思います。子どもを布団に入れたら、保護者は残った家事などをしながら、ときどき様子を見にいくというのが現実的なやり方ですね。

消去法は以前から提唱されていた方法ですが、近年は研究分野において、さまざまな角度から効果が確かめられています。眠りにつくまでの時間、夜間に起きる回数、夜間に起きている時間、睡眠効率（横になっている時間のうちの、どのくらい眠っているか）が、この消去法によって改善するという結果が出ています。

日本とイギリス、フランスで子育てをした薗部容子《そのべようこ》氏の著書『まず、ママが幸せに—産んで育てて、ニッポン・イギリス・フランス』（日本機関紙出版センター）には、薗部氏が消去法を実践してきた経験が書いてあります。

それによると、申し訳なさそうに「ひとりで寝かせてごめんなさい」と言って寝室のドアを閉めるのではなく、笑顔で「おやすみ」と言って寝かせるそうです。眠る前にママやパパの顔が悲しそうだと、子どもは不安になるかもしれませんからね。今日からでも取り入れられる方法です。

一方、日中の赤ちゃんが起きているときでさえ放置したら罪悪感を持ってしまうし、夜に眠れなくて泣いていたら放っておけないというお母さんもいると思います。また、心配で離れられないというお母さんもいるでしょう。

でも、「赤ちゃんは泣くのが仕事」、「泣く子と地頭には勝てぬ」という言葉を知っておいてください。これらの言葉は、昔から赤ちゃんが泣くことに対してはなすすべがなかったことを伝えてくれます。事実、赤ちゃんは泣くものです。抱っこをしても、あやしても、何をしても、泣きやまないときは泣きやみません。そして泣いているからといって、子どもが不幸なわけではありません。泣かせておいても大丈夫なのです。

それでも気持ち的に落ち着かなければ、夜間はお父さんやほかの家族に任せたり、交代にしたり、という方法もあります。

または睡眠不足にならないように、日中にベビーシッターやヘルパーを頼んで、赤ちゃんをみておいてもらうのもいいですね。昼間でも構いませんから、お母さんがなるべくしっかり眠れる時間を作りましょう。

お母さんの睡眠時間をしっかり確保することは、そのくらい大事なのです。なんとかして赤ちゃんを寝かせようとがんばるあまり、精神的に追い詰められたり、体力的にバテたり、さらに悪化して産後うつになってしまったりしては、元も子もありません。

産後1年間は特に、周りが気をつけて1日1回数時間でもお母さんをひとりで寝かせてあげられるようにすべきです。

それから、お母さんでもお父さんでも、自分で調子がおかしい、疲れがたまっていると思ったら、早めに休んだり、家族や保健師さんなどに相談するようにしましょう。「こんな程度で……」とは思わないでください。誰かに助けを求めるのは、深刻になる前がいいのです。親が笑顔でいられると、赤ちゃんにとってもいいということを覚えておいてくださいね。

※1　国立成育医療研究センター「人口動態統計（死亡・出生・死産）から見る妊娠中・産後の死亡の現状」https://www.ncchd.go.jp/press/2018/maternal-deaths.html

※2　朝日新聞デジタル「妊産婦の死因、自殺が最多　2年間で102人　厚労省研究班」https://asahi.com/articles/DA3S13666371.html

「泣きやまないのは、親の対応のせいじゃない」

インターネットで「泣きやまない」と検索すると、「新生児」「1歳」「2歳」「病気」などがサジェストされます。その組み合わせで調べている人がとても多いということですね。大声で泣いて泣いて泣きやまない子どもをなんとかしたくてこっそり検索する、夜になって「今日もぜんぜん泣きやんでくれなかったなぁ」とため息をつきながらスマホを手に取って検索する……、そんな光景が思い浮かびます。

これをいうとがっかりされるかもしれませんが、そもそも泣きやまない子どもへの対処法における絶対の正解はいまだにわかっていません。打つ手はないのか、と肩を落とす前に知っておいてほしいのは、世界中のいろいろな人が研究してわからないのですから、「親の対応が間違っているから泣きやまない」「子どもを泣きやませられないなんて親失格」などという考えは捨てていいということです。

お腹が空いているはずがなく、オムツもきれいなのに、抱っこしても、毛布でくるんでも、外に出ても、おしゃぶりをさせても、何かを聴かせても泣きやまない、ということは、今の日本だけでなく、昔の日本でもありましたし、世界中のどこでもあることなのです。

泣きやまない乳幼児については、イギリスの小児科医のR・S・イリングワース氏による書籍『ノーマルチャイルド』、アメリカの小児科医のベンジャミン・スポック氏による有名な書籍『スポック博士の育児書』で、「コリック（たそがれ泣き）」や「定期泣き」といった言葉で説明されています。

たそがれ泣きというのは、夕方から夜にかけて泣きやまないことが多いことを表しています。産院を退院して少し経つと、夕方から夜にかけてよく泣くようになり、ときに3時間も4時間も泣き続ける……、きっと「ウチの子も同じ！」と思う方は多いでしょう。

両医師によると、コリックは生後2～4週間頃から始まり、生後3か月になる頃には治るそうです。赤ちゃんのお腹にガスがたまって痛がっているのではないかという説もありますが、レントゲン写真で見ても腸管が張っていない場合もあり、原因は不明です。

最近では夜泣きに乳酸菌がいいという研究もあり、赤ちゃん用の乳酸菌シロップを購入することもできますが、これはサプリメントであって処方薬ではありません。乳酸菌なので摂りすぎて困ることはそうないと思いますが、飲めば飲むほど効果があるわけではありません。説明書を読んで用法用量を守りましょう。あるいは、腸の問題ではなく神経発達が未熟なために、過敏になっていると考える人もいるようです。

日本では1950年前後まで、激しく泣く赤ちゃんや、よく癇癪《かんしゃく》を起こす1歳くらいの幼児を「疳《かん》が強い子」「疳のムシを起こした」などのようにいいました。そこには〝困った子〟というニュアンスがありますね。「ムシ封じ」「ムシ切り」などと呼ばれる祈祷《きとう》やおまじないをする地域もあったそうです。

もっと昔の人も困っていました。小児科医・馬場一雄《ばばかずお》氏の『子育ての医学』によると、300年以上前からよく泣く赤ちゃん向けの薬があり、いろいろな製薬会社で作られてきました。神経質な兆候を抑えることが目的の薬だったようです。現在も「救命丸《きゅうめいがん》」「奇応丸《きおうがん》」という名前のものが、第2あるいは第3類医薬品として薬局などで販売されています。

昔の日本には大家族が多く、赤ちゃんが泣いたときに対処できる人は両親だけではなく複数いたでしょう。それでも薬に頼りたくなるほど、苦労していたんですね。

子どもが泣きやまないと、親は無力感を感じて不安になったり、イライラして腹立たしくなったりします。「何か病気があるのでは？」と心配になることもあるでしょう。そういうときは、もちろん小児科を受診して相談してみましょう。ひとりで不安を抱え込まないでください。特に、泣きやまないのに加え「何度も吐く」「下痢をする」「母乳・ミルクを飲みたがらない」などの症状があるときは、病気があるかもしれません。

そうして子どもが泣くと、「抱っこしないと……」と思ってしまいがちです。特に第一子だと、放っておくことができない人のほうが多いでしょう。私もそうでした。泣いた子どもをすぐに抱くと「抱き癖がつく」と言われますが、たとえ本当にそうだとしても愛着心を育てることもできるから問題ないでしょう。

反対に、泣いているのにお母さんが抱っこしたりかまったりしないと、何も要求しないし感情の表出も少ない「サイレント・ベビー」になるという説もあります。この言葉は、小児科用語集や児童青年精神医学用語集に載っているような医学用語ではなく、1990年に小児科医の柳澤慧《やなぎさわさとし》氏が考案し、著書『いま赤ちゃんが危ない―サイレント・ベビーからの警告』で発表したものです。一部を抜粋しましょう。

表情が乏しく、発語も少ない静かな赤ちゃんを私は「サイレント・ベビー」と名づけましたが、このサイレント・ベビーという言葉は、医学用語でも育児用語でもありません。（中略）育児の上での環境、とりわけお母さんとのかかわりあいが、大きく影響します。

でも、この説には医学的な根拠がありません。それなのに、現在も子育てサイトなどで、「サイレント・ベビーになると発育が遅れる」「喃語《なんご》を話さなくなる」「タオルやぬいぐるみに固執する」などと、親の不安をあおるようなことが書かれています。こういった根拠のない脅しは、子育ての障害になるので、気にしないようにしましょう。

子どもが泣いているとき、気持ちと体力に余裕があるなら、「どうしたの？」などと声をかけながら抱っこしてあげたらいいでしょう。余裕のないときや疲れているとき、ほかにやるべきことがあるときは、抱っこできなくても問題ありません。24時間365日対応できる人間などいません。そんなときは赤ちゃんを安全な場所において、ときどき確認するようにしましょう。「大丈夫？」などと声かけだけをしてもいいですね。

お子さんの泣く時間が長いと、同じ状況がまるで永遠に続くような気になるものです。でも、個人差はあるものの、生後6～9週間が泣く合計時間のピークであることが多いといわれています。生後6週間のときに1日のうち4・4時間泣いている子が、生後1年には1・5時間になっているという調査もあります。[※1] どんな子も、そのうちに必ず泣く頻度は減っていきます。ずっとではないので、心配しすぎないでくださいね。

※1　Baildam EM et al., Dev Med child Neurol 1995 Apr; 37(4)

「手のひらや足の裏のほくろは、病気のしるし？」

ほくろがチャーミングな有名人、多いですよね。かのマリリン・モンローは口元のほくろが魅力的で一世を風靡《ふうび》し、今もレジェンドとして語り継がれています。

しかし、ほくろは、できる場所によってはとても気になるものです。皮膚がんの症状として出ていることもあるので、大人でも心配になることがあります。

「子どもの足の裏にほくろがあるんですけど、取ったほうがいいですか？」と外来で聞かれることは少なくないのですが、子どもの病気の本を見ると、皮膚がんについては何も書かれていないことがほとんど。それだけ子どもの皮膚がんは頻度が少ないからです。でも、めったにないことといっても一度気になると止まらないものですよね。

ほくろは、医学的には「色素性母斑《ぼはん》」もしくは「母斑細胞母斑」と呼ばれます。母斑というのは、皮膚の色や形がほかの部分とは違う、アザのようなもののことです。メラニン色素はシミなどの原因として知られていますが、このメラニン色素を持った母斑細胞（ほくろ細胞）の集まりがほくろです。色素の多さによって褐色だったり黒かったりします。色素のある部分が皮膚の奥のほうだと母斑は青く見え、表面に近い浅いところにあると茶色や黒に見えます。生まれたときからあるほくろもあれば、成長途中でできるほくろもあります。普通は５㎜以下の大きさで、形は丸や楕円、周囲の皮膚との境界がくっきりしています。

子どもの母斑には、以下のような種類があります。中にはアザと呼ばれるものもありますが、医学的にはすべて母斑の一種です。

○蒙古斑《もうこはん》

生まれたときからお尻や背中の下部にある、青っぽいあざのようなもの。これも母斑の一種ですが、サイズはほくろよりずっと大きく、表面は盛り上がっておらず、濃いところと淡いところがあります。お尻と背中以外の、手足や肩などにあるものは「異所性蒙古斑」と呼ばれます。

蒙古斑は、日本人のほぼ１００％にあります。通常は成長するにしたがって薄くなり、小学生になる頃までに消えますが、３％は成人になっても残ってしまいます。[※1]

○青色母斑《せいしょく》

幼少期以降にできるアザのようなもので、蒙古斑と似ていますが、10㎜以下の大きさです。異なるのは、小さな突起やしこりがあり、形もいろいろという点です。見た目の問題だけなので、気にならなければほくろと同じように特に治療は必要ありません。

○表皮母斑、扁平母斑《へんぺい》

出生時から生後早いうちにできる、淡い茶色から濃い褐色の母斑です。地図のような形で、盛り上がりはありません。手のひらや足の裏だけでなく、お腹、背中、顔、お尻などにもできます。がんになることはとてもまれですが、大人の場合は美容的な意味で切除することがあります。こうした特徴を持つ母斑が6個以上あれば、ほかの病気を合併している可能性も考えられるので、小児科か皮膚科で診てもらいましょう。

○太田母斑

生まれてすぐにはなく、生後半年以内にできることが多い顔のアザです。額から鼻にかけて青い色の母斑ができますが、多くは片側だけに現れます。思春期に色が濃くなることもあり、気になる場合は皮膚科や形成外科でレーザー治療を受けることができます。

〇色素性母斑（母斑細胞母斑）

生まれつきできている先天性のものと、生後数か月以降にできる後天性のものの2種類があります。後天性のものは褐色から黒褐色で、しばしば有毛性、つまり毛が生えています。将来、皮膚の内側でがん化する可能性があります。先天性でも20㎝を超すサイズのものは、色素細胞ががん化した悪性黒色腫《こくしょくしゅ》（メラノーマ）になる頻度が高いことが知られています。次の場合は、がん化する可能性があると知っておいてください。

①　形が左右非対称
②　母斑と普通の皮膚の境界が、ギザギザしていたり不鮮明な部分があったりする
③　黒・青・赤・白など色調が不均一でムラがある
④　サイズが6㎜以上

いずれかひとつでも当てはまるときは皮膚科に行きましょう。ライトがついた拡大鏡のようなもので皮膚を詳しく見る「ダーモスコピー検査」で悪性かどうかを調べることができます。皮膚組織の一部を採取する生体検査ではないので痛みはなく、お子さんにも安心して受けてもらえます。これで詳しく診て、必要があると判断されれば生体検査をします。

がん化した悪性黒色腫（メラノーマ）には、4つのタイプがあります。日本人に多いのはⒶの末端黒子形です。だから赤ちゃんの手のひらや足の裏のほくろが気になるのですね。

Ⓐ 手のひらや足の裏、手足の爪部分にできる「末端黒子《こくし》型」
Ⓑ 胸やお腹、背中といった体幹や手足に部分にできる「表在拡大型」
Ⓒ 全身のどこにでも発生する「結節型」
Ⓓ 日光に当たりやすい露出部にできる「悪性黒子型黒色腫」

ここまでをおさらいすると、病院で相談したほうがいいのは、「色素性母斑」で大きさが20㎝以上」のもの、かつ「1～4のどれかに当てはまる」ほくろです。そうではないなら怖がる必要はありません。私も手のひらにほくろがあります。

紫外線が強く白色人種が多く住むオーストラリアは、皮膚がんの研究が進んでいますが、日焼け止めクリームはがんの前段階である日光角化症《にっこうかくかしょう》や有棘《ゆうきょく》細胞がんの発生を30％減らすことができるそうです。[※2] 日光角化症は、60歳から多くなるもので、長年日光を浴びていた皮膚の表面がカサカサして赤くなる表皮のがんです。有棘細胞がんは、皮膚の一番外側にある表皮からもっと奥まで侵入したがんで、体全体に転移することがあります。

このほか、子どもの頭の形、耳の形、へその形などが気になることもあるでしょう。

頭の形には個人差がありますが、寝返りができるようになると左右差が減り、成長にしたがって少しずつ変化していきますから、よほどおかしくないのなら大丈夫です。

耳の形も人それぞれ。赤ちゃんの頃に〝向き癖〟があると、下になっている側の耳が薄くなることがありますが、起きている時間が増えると多くは左右同じような感じになってきます。折れ耳や袋耳の場合には、小児科から形成外科を紹介してもらいましょう。

また、赤ちゃんの小さなお腹には、大人と同じ数の臓器が詰まっているわけですから、ギュウギュウではちきれんばかりです。そのため、お腹がぽっこりとした幼児体型になって、へそも出ていることが多いでしょう。へそが大きく出ている場合は、臍《さい》ヘルニアかもしれませんが、だいたいはお腹の筋肉が発達してくる1歳くらいまでに治ります。

いずれにしても人間の皮膚にはアザや色ムラがあるものですし、体が完全に左右対称であることはありません。よほど様子がおかしい場合以外は大丈夫です。それでも心配なときは、ぜひ小児科医に相談してくださいね。

※1　日本皮膚科学会「皮膚科Q＆A　アザとホクロ　Q3」https://www.dermatol.or.jp/qa/qa21/q03.html

※2　日本皮膚科学会「皮膚科Q＆A　メラノーマ以外の皮膚悪性腫瘍Q11」https://www.dermatol.or.jp/qa/qa29/q11.html

「『どうして食べないの!?』と自分と子を追い込む前に」

離乳食にまつわる保護者の悩みナンバーワンは何だと思いますか？

そう、乳幼児健診などで私がもっともよく耳にするのは、「子どもが離乳食（ご飯）を食べてくれない」です。

厚生労働省「平成27年度 乳幼児栄養調査結果の概要」という調査報告がありますが、ここでも「離乳食について困ったこと」という問いに対する回答は「食べる量が少ない」21・8％、「食べものの種類が偏っている」21・2％、「食べるのをいやがる」15・9％、「乳汁（母乳や人工乳）をよく飲み、離乳食がなかなか進まない」12・6％でした。全体を見ると「食べない」という悩みが上位を独占していることがわかります。[※1]

「偏りなく適正な量の離乳食を食べさせるにはどうすれば？」——保護者のみなさんが、こうした悩みの袋小路に入ってしまうのは、「食べない」あるいは「偏った食事しかとらない」ことで子どもの健康に問題が起きたらどうしよう、と心配するからですね。

たしかに子どもは大人と違って成長途中にあるので、ある程度バランスよく食べる必要があり、それぞれの栄養素が極端に減ったり欠乏したりした場合、以下のような問題が起こる危険性があります。

葉酸（貧血）、ナイアシンとリボフラビンとビタミンA（皮膚の異常）、チアミン（脚気《かっけ》、脚気心）、ビタミンB6（けいれん）、カルシウム・ビタミンC（骨の異常）、ビタミンD（くる病やけいれん）、ビタミンE（神経症状）、ビタミンK（出血性疾患）、クロム（体重減少）、鉄（鉄欠乏性貧血）、亜鉛（成長障害、味覚障害、性腺成長障害、脱毛など）

ただ、これらの問題が起こるのは、本当に食べられないものが多い場合です。たとえば、ごくまれなことですが、乳幼児にも摂食障害があります。母乳やミルクすら飲みたがらない場合もあるし、そういったものは飲むけれど、離乳食や食事を食べないという子もいます。嚥下《えんげ》、つまり飲み込みがしにくい疾患があったり、触覚や嗅覚の過敏性があったり、あるいはそういったものが何もなくとも食べる意欲がなくて、無理に食べさせようとすると強硬に拒否するということもあります。

医療者も、乳幼児に摂食障害があることを知らない人が多いのが現状です。母乳やミルクをまったく飲まない、ご飯を食べず大きくならない、チューブや胃ろうから栄養を入れている子どもの親の会「つばめの会」のウェブサイトがとても詳しいので、関心のある方はぜひ訪れてみてください。[※2] 実際に食事が摂れないということであれば、小児科でも相談しましょう。

ただ、ほとんどの場合は、こういった病的なものではありません。赤ちゃんはそれまで母乳やミルクだけを飲んでいたのですから、離乳食を始めてすぐは特に、舌触りが違う食事や酸味や苦みがある食事を苦手だと感じる子が多いのは当然のことです。

悩める保護者に、私はこんなアドバイスをします。

「ご飯しか食べないなら、細かくしたおかずをご飯に混ぜてみては？」

「お腹が空いたら、いつか食べるんじゃないかな」

「手に食べものを持たせて遊んでいる隙に、口にスプーンで入れたら？」

「年齢の近い子が食べているのを見たら、つられて食べるようになるかも」

ほかにも、食べさせ方のポイントがあります。苦手なものを好物に混ぜ込むと、両方とも食べられなくなることがあるので、別々に与えるほうがいいでしょう。新しいものを一口だけでも食べられたら大げさに褒めると、次からも食べてくれることがあります。

これらが功を奏して食べるようになる子もいますが、すべて試しても、なお食べない子もいます。第一、たいていの保護者は自分で考えてひと通りの方法を試しているのです。それでもダメだから相談しているのでしょう。

周囲は保護者に対して、ああしてみたら、こうしてみたらとアドバイスをしがちですよね。善《よ》かれと思ってなのでしょうが、新米の保護者からするとグサッとくるようなことを言われて傷ついたという話も聞きます。いずれにしても保護者の努力不足ではないのです。食べない子は食べません。

勘違いしている人が結構いるのですが、大事なのは食材の多様さではなく、「バランスのとれた栄養素」。たとえば主食について、「うちの子、パンをぜんぜん食べません、うどんや白いご飯は食べるんですが」「ご飯も麺類もパンも食べようとしなくて。ジャガイモは食べます」という具合にアレは食べるけどコレは食べないという壁に行き当たっている保護者は多いです。けれども、たとえば炭水化物を米から、あるいはパンから摂らなくてはいけないということはありません。その他のものから摂れているのなら、パンやご飯を食べさせようと特に努力しなくてもいいのです。ジャガイモも炭水化物です。

WHO（世界保健機関）がウェブサイトで、「補完食　母乳で育っている子どもの家庭の食事」というガイドを公開しています。[※3] 補完食とは、母乳以外に与える食事のことです。これを見ると、世界各国で多彩な食品が主食になっていることがわかります。コメ、トウモロコシ、コムギ、タロイモ、サツマイモ、ジャガイモ、甘みの少ない料理用バナナなどがあり、そうした炭水化物をペースト状にしたものを、離乳食では主食としてあげるようすすめています。

主食以外にも同じことがいえます。野菜は特定のものを無理して食べさせなくてもよく、同じ栄養素を含む別の野菜を食べさせてみましょう。タンパク質はできれば植物性と動物性の両方を摂ってほしいですが、どちらかだけでも食べないよりはずっといいです。お肉の形状も、薄切りでも挽き肉でもなんでもかまいません。調理法も同じで、焼いた肉が苦手なら、ゆでる、煮るなどを試してみましょう。

お子さんが、たとえ同じメニューしか食べなかったとしても、そこに主食、野菜、タンパク質が含まれていればよしとしましょう。食事の時間が、食べさせようとする親と抵抗する子どもの戦いの時間でしかなくなってしまうと、毎回ヘトヘトに疲れきってしまいます。お互いにとって幸せじゃないですよね。

さらに、毎食どころか毎日バランスよく食べるということができないときもあります。

1歳半から2歳くらいまで、同じものしか食べようとしない子はめずらしくありません。「今日は○○しか食べてくれなかった……」と落ち込まなくてもいいのです。1週間を通して主食、野菜、タンパク質が食べられていれば、それもまたよしとしましょう。ハードルを上げすぎると、親も子も苦しくなります。楽しく食事をすることも大切です。

先述の「補完食」には、楽しく食べさせるコツも紹介されています。たとえば「スプーンを鳥に見立てて、ヒナに食べさせるように飛んでくるふりをする」などとても具体的ですが、「ユーモアセンスが必要！」と書かれています。どうせなら保護者も楽しくなる方法を考えると、離乳食の悩みで自分や子どもを追い込まなくてもよくなりそうです。

子どもが食べないと心配ですよね。もちろん、その気持ちはよくわかります。でも、明らかに体調が悪そうだったり、貧血があったり、やせ細ったりしているのではなく、少しずつでもちゃんと成長しているのなら大丈夫です。成長とともに、だんだんと食べられる食材も料理も増えていくはずですから、心配しすぎないようにしましょう。

※1　厚生労働省「平成27年度　乳幼児栄養調査結果の概要」https://www.mhlw.go.jp/stf/seisakunitsuite/bunya/0000134208.html
※2　つばめの会　https://tsubamenokai.org/
※3　WHO「補完食 母乳で育っている子どもの家庭の食事」https://apps.who.int/iris/bitstream/handle/10665/66389/who_nhd_00.1_jpn.pdf

「大きい、小さい、やせている……、それぞれの発達の悩み」

子どもの成長は見ているだけでもうれしくなるもので、ぐんぐんと大きくなる様子から目が離せません。けれども子どもの体を見て「小さいかもしれない」「大きすぎるみたい」「やせすぎでは」「太りすぎな気がする」などと心配する保護者は多いものです。

つい同じくらいの月齢の子と比べてしまうのですよね。不安だけど、どこに相談したらいいのかわからない……という声もよく聞きます。

子どもの大きさというのは、じつはお母さんの妊娠中から気にされることでもあります。「小さく産んで大きく育てる」のが、賢い育児法だと思われていた時期がありました。赤ちゃんの体が大きくなると産むのが大変なので、妊娠している女性はなるべく自分の体重を増やさないようにする。そして生まれたあとで、赤ちゃんにたくさん飲ませたり食べさせたりして大きく育てるのがいちばん、という説が、まことしやかに広まっていました。

ところが現在では、この考え方は適切とはいえません。

1986年、イギリスの公衆衛生学者のデビッド・バーカー氏は「低出生体重児は中年期以降に心血管障害によって死亡するリスクが高くなる」という仮説を発表しました。低出生体重児というのは、生まれたときの週数にもよりますが、一般的には2500g未満の赤ちゃんをいいます。イングランドとウェールズ地方で心血管障害によって亡くなった人たちのことをさかのぼって調べたところ、低出生体重児だった人が多かったのです。その後、多くの医師が研究を重ね、「出生時に体重がとても軽いと、成長後に太っていなくても生活習慣病になりやすい」ということがわかりました。

ところが、日本の20~30代女性は、「やせ願望」がとても強いといわれています。メディアに登場する女性を見ていてもわかりますね。身長と体重から肥満度を割り出す「BMI」は時代とともに低くなっていっています。まだ成長期である10代のころからダイエットに励む子どもたちを見ていると、行きすぎたやせ願望の罪を思わずにはいられません。その影響もあり、この飽食の時代にあって日本人の出生体重は減り続けています。※1

かつては小さく生まれた子を「大きく育てる」といいましたが、今は2500g未満で生まれた赤ちゃんは特に、乳児期に急に体重を増やさないよう気をつけます。胎児期のみならず、生後早期の環境が将来の健康や特定の病気へのかかりやすさに影響するとわかったからです。赤ちゃんが欲しがる場合は構いませんが、小さいからといって、早く大きくしようと無理にたくさん飲ませたり食べさせたりしないようにしましょう。急激にカロリーを摂取し、体重を増やすのはよくありません。

「ウチの子、小さいんです」とお子さんの体重の軽さを心配する保護者は多いですが、気にしすぎなくても大丈夫です。生まれたときの体重が軽くても、多くは1年前後でほかの子に追いつきます。

一方で、生まれたときは普通だったけど、その後に「小さい」「大きい」が気になる場合もあるでしょう。そういう場合は、まず母子手帳に載っている「成長曲線」を確認してみましょう。それぞれの年齢ごとの身長と体重を記録できる「成長曲線」には、同じ年齢、性別の子をたくさん集めて割り出した標準値の範囲が書き込まれています。

厚生労働省は10年ごとに生後14日〜小学校就学前の乳児・幼児について性別・年齢別の身体計測値データを発表し、文部科学省は毎年「学校保健統計調査」として満5〜17歳の子どもについて同様のデータを発表し、これが成長曲線のベースとなっています。

早産児だった子は、「修正月齢」にそってグラフを見ましょう。出産予定日より2か月早く産まれてきたなら、生後1か月の時点で修正月齢がマイナス1か月となります。生後2か月で修正月齢0か月、生後4か月で修正月齢2か月です。

このグラフにお子さんの記録をつけてみると、目に見えて成長が実感でき、もしも成長に問題がある場合には一目でわかります。厚生労働省[※2]や日本小児内分泌学会[※3]のウェブサイトからもダウンロードできるので活用してくださいね。

標準値と照らし合わせて小さすぎる、あるいは大きすぎることが心配だったら、地域の保健センターや小児科に相談してはどうでしょうか。必要に応じて、検査などをしたり、専門的な医療機関に紹介したりしてくれます。

以下では、体重と身長について詳しくみていきましょう。

「生まれたときの体重は特に軽くはなかったのに、その後ぜんぜん食べてくれなくて」「食が細くて体が小さいまま」というお子さんもいるでしょう。

離乳食を食べさせるときの工夫については78ページでお話ししましたが、どんなに工夫して一生懸命に作っても食べてくれない子もいます。離乳食をたくさん食べるように母乳やミルクを減らしても、たいして食べてくれないケースもあるでしょう。保護者としてはすごくもどかしくて、泣きたい気持ちになるかもしれません。

それでも無理やり食べさせるのはやめましょう。食事を苦痛な時間にしては、お互いによくありません。成長して保育園や幼稚園、小学校に入ると周囲につられて食べたり、食欲が増したりすることもあるので様子をみてください。私の娘も、家ではぜんぜん食べなかったのに、保育園に通わせたらお友だちの真似をして食べるようになりました。

お子さんがあまりにも決まったものしか食べず、栄養バランスに欠ける場合、成長期に必要な鉄が不足する鉄欠乏貧血やビタミンD欠乏症、くる病になる可能性があります。小児科では足りない栄養素の補充療法ができますので、心配なら受診してみましょう。

逆に「この子、ちょっと太りすぎじゃないかな?」と心配する保護者も多いです。もしも平均を上回っているとしても、ダイエットはよくありません。大人と違って成長期で、日々、体の機能が作られているからです。

つい体重ばかりを気にしてしまいがちですが、体型とは体重と身長のバランスからなるもの。これは大人も同じですね。でも成長期の子どもは、大人とは違って、体重を無理に減らそうとしなくても現状維持すれば、身長が増えることでバランスが整っていくのです。

ダイエットに興味がある人なら、「除脂肪組織」という言葉を聞いたことがあるでしょう。体重のうち、体脂肪量を除いた残りの重さのことで、要は筋肉、骨、内臓などの総量を意味します。成長期にあるお子さんの場合、筋肉も骨も内臓も日々育っていくので、体脂肪率は相対的に減っていきます。

とはいえ、食べたい気持ちでいっぱいの成長期の子どもにとって、食べすぎず、体重をキープすることはとてもむずかしいことです。程度にもよりますが、たくさん食べたいのに毎日怒られて落ち込んでしまうのもかわいそうですし、いちいち怒っていては保護者も疲れてしまいます。

食事量を減らすことを考えるよりも、野菜をできるだけ多く取り入れたメニューを心がけましょう。動物性タンパク質は肉だけでなく、魚からも積極的に摂ってください。食べる順番も大事です。肉やご飯はあとにして、まずは野菜料理から食べて、満腹感が得られやすいようにしてください。糖分の摂りすぎには気をつけましょう。

これまで体重について書いてきましたが、身長についての相談も多いもの。主に、お子さんの背が低いと悩む保護者からです。とてもめずらしいながら成長が早すぎるという病気もありますが、「背が大きすぎるのでは？」と心配されるケースはあまり聞きません。

大人になったときに身長はどのくらいになっているのか――「最終到達身長」といいますが、これは両親の身長をもとにして、ある程度は予測できます

男子＝（両親の身長の合計＋13）÷2＋2
女子＝（両親の身長の合計−13）÷2＋2

もちろん誤差はありますが、高身長同士の両親の子は小柄にはなりにくいし、低身長同士の両親からは大柄な子が生まれにくいということですね。逆にいうと、乳幼児の段階で身長が平均を下回っていても、それは将来の身長を決定するものではないということです。心配しすぎないでください。

子どもの成長を心配するあまり、牛乳をたくさん飲ませる保護者もいるようですが、必要以上に与えても成長につながるとは限りません。

また、市販の「背を伸ばす」という触れ込みのサプリメントに興味津々の保護者もいるでしょう。日本小児内分泌学会は、カルシウム、鉄、ビタミンDが不足している子がそれぞれのサプリメントを服用するのは効果が期待できるものの、それらが充足していればサプリの摂取はかえって健康を損なう可能性があると指摘しています。[※4]

「成長ホルモンの分泌を促進する」と謳うスプレータイプのサプリメントもありますが、これは効果がないとして同学会では注意をうながしています。子どものことを思うなら、効果が不確かなものに手を出すよりも小児科医などの専門家に相談しましょう。

子育てをしていると、周囲からあれこれ言われて大変です。「○か月のわりにはちょっと小さすぎない？」「このくらいの時期、うちの子はもっと大きかったよ」「もっとたくさん食べさせたほうがいいんじゃない？」などと言われると、本当に落ち込みますよね。

でも、そんなことを言う人たちは、何人の子どもを見てきているというのでしょう。きっと周囲の少ない事例のみですね。子どもの成長は一人ひとり違うものですから、心の中で「余計なお世話！」と思って惑わされないようにするくらいがちょうどいいのではないかと思います。

※1　厚生労働省「出生数及び出生時体重2，500g未満の出生割合の推移」https://www.mhlw.go.jp/shingi/2009/07/dl/s0708-16f_0005.pdf
※2　厚生労働省「成長曲線を描いてみましょう」https://www.mhlw.go.jp/shingi/2004/02/dl/s0219-3b.pdf
※3　日本小児内分泌学会「日本人小児の体格の評価」http://jspe.umin.jp/medical/taikaku.html
※4　日本小児内分泌学会『「身長を伸ばす効果がある」と宣伝されているサプリメント等に関する学会の見解（2013年3月29日公表）』http://jspe.umin.jp/medical/kenkai.html

「発達は早いほどよくて、英才教育は必要なもの!?」

乳幼児健診やクリニックの外来で、お子さんの言葉がなかなか出ない、増えないということを心配する保護者に出会います。

日本で広く使われる『遠城寺《えんじょうじ》式乳幼児分析発達検査』では、1歳で意味のある言葉を1つ、1歳半で3つ言えることを指標にしています。2歳になると二語文といって主語と述語のある言葉が言えます。3歳では目的語のある三語文が言えるようになります。

正常発達にもバリエーションがあり、子どもによって発達の順番にばらつきがあるものです。それでも月齢の近い子が上手に話していたり、「言葉がちょっと遅いんじゃない?」などと言われたりすると、発達に問題があるのではないか、と不安に駆られますね。

しかし、すぐに発達に結びつけるのも早計です。聴覚に原因があって発語が遅れていることも考えられます。産婦人科で行われる生後すぐの「新生児聴覚スクリーニング検査」

で問題ないとされても、後になって聴覚に異常が見つかることはあります。むずかしいのは、保護者でも気づきにくい点です。聴こえていなくても振動に反応することはありますし、大人があやしたりしたときに、身振りや表情を見て意図を察する子もいるからです。

聴こえていない、あるいは難聴であることがわかれば補聴器をつけるなどの対処が必要ですし、言語の発達にも大きく関わることですので、早めに気づいてあげたいですね。背後で名前を呼んだり手を叩いたりして反応がなければ、一度耳鼻科で相談しましょう。


聴覚に問題はないけれど、話しかけても言葉が出てこない子もいます。ほかの人が言ったことは理解しているけれど、自分で話すのが遅い状態を「表出性言語発達遅滞」といいます。ほとんど単語しか言わなかったのに、2歳を過ぎた時期から急にたくさんしゃべるようになるのが特徴です。その後の言語発達に問題はないので大丈夫。

2歳を過ぎても言葉が出てこないようであれば、発達についてかかりつけの小児科医か保健所に相談してみましょう。市区町村では、1歳6か月児健診のときに発達について調べることになっています。このときに保護者から「健診のときに聞こうと思っていたんですけど……」と発達について相談されることはよくあります。

けれども、この1歳6か月健診は受けない方もいます。1か月健診は100％に近い方が受けるのですが、日々の忙しさに加え、お子さんに特に不調がなさそうなのをみると「大丈夫かな」と思ってしまうようです。大事な検査もあるので必ず受けましょう。

乳幼児の発達はほかにも『日本版デンバー式発達スクリーニング検査』などがあり、どれも「運動」、「社会性」、「言語」など言葉だけでなくいろいろな面から発達を評価します。ハイハイをする、立って歩くといった基本的な運動機能は、特に練習する必要はありません。子どもの中にはうつ伏せを嫌い、ハイハイをしないまま座った状態で移動する子がいます。「シャフリングベビー」といいますが、こういった子はほかの子がハイハイをしている時期にしないし、立たせようとしても足を曲げてしまい立ちたがりません。それでもほかの発達は問題なく、1歳半前後には歩き始め、最終的に運動機能はほかの子と変わりがなくなります。子どもの成長発達は、早くできたほうがいい、遅いとすべてが治療の対象になるというわけではないのです。

お子さんの発達の遅れが指摘されると、自分のせいだと思い込む保護者は少なくありません。特に、お子さんと長い時間を過ごすお母さんは周りから心ない言葉をかけられることもあり、自分を責める傾向にあると思います。でも、お子さんは、お母さんだけでなく、周囲からいろいろな影響を受けて成長します。子どもの発達に影響するのは「遺伝半分、接し方半分」といわれますが、もし遺伝なのだとしても両親に半々の可能性があるわけですし、そもそも誰も悪くありません。

そして、原因探しには、あまり意味がないと思います。「これが悪かったから、こんな結果を招いた！」と単純化して考えることで自分を納得させたとしても、お子さんをめぐる問題は解決しません。それよりも早いうちから小児科や保健所、子育て支援センターなどのさまざまな人や機関、サービスを頼ってみましょう。ひとりで抱え込んでしまうと何かあったときにポキッと折れてしまいますが、支えてくれるところが多ければ、どこかで受け止めてもらえます。それが最もお子さんのためになるのではないでしょうか。

さて、私が子どもの頃から、教育熱心な親というのはめずらしくありませんでしたが、近頃は「頭のいい子に育てる」という触れ込みの育児本をしょっちゅう目にします。

子どもの発達をうながし、頭をよくし、成功させるための育児本の中には、食事が子どもの将来を9割方決めるというものもあって驚きました。子どもの成功は親がもたらすものとする考え方は、子ども自身の資質や努力や可能性を無視しているように思います。

多くの保護者が子どもの将来を気にかけ、できるだけよりよい人生を送らせてあげたいと思っているからこそ、こうした願いが出てくることは間違いないと思います。問題はそうした切なる思いにつけ込んで、早期教育の教材や頭がよくなると謳うサプリ、根拠に乏しい説ばかりが並ぶ本を売りつけようとする人たちがいることです。「子どもが必ず成功します！」のように断言しているものは、疑ったほうがいいですね。

そもそも、親の思う成功が、子どもにとって成功とは限らないものです。自分が子どものときのことを思い返せば、わかりますよね。そして「頭がいい」からといって成功が約束されるわけでもありません。『天才！ 成功する人々の法則』（講談社）などの著書があるアメリカのジャーナリストのマルコム・グラッドウェル氏によると、IQが高くても社会生活がうまく送れない人は少なくないようです。そうした人たちがエリート路線を進んで行かず、自らのことを落伍者と思うなら、それは成功した人生とはいえないでしょう。もちろん、エリート路線を順調に歩んでいるからといって幸福とも限りません。

経済学者の中室牧子《なかむろまきこ》氏は、著書『学力の経済学』（ディスカヴァー・トゥエンティワン）で〝教育経済学〟を紹介しています。教育経済学とは、教育と経済の関連する領域を扱う学問で、教育の費用と効果などを分析するものです。中室氏は子どもの教育に時間とお金をかけるのはいつがいいのかと聞かれたら、「ほとんどの経済学者が、もっとも収益率が高いのは子どもが小学校に入学する前の就学前教育（幼児教育）という見解でしょう」と述べています。

「やっぱり早期教育が必要なんだ！」と早合点しないでください。ここでいわれる学習とは、就学前に文字を覚えたり、計算をしたりすることではありません。なぜなら、乳幼児期のような早期に勉強をさせても、ＩＱや学力は、いずれかの時点で後から勉強を始めた子に追いつかれたり、追い抜かれたりします。

同書では、それよりも基本的なモラルを親から教わることが大事だとしています。具体的には、ウソをつかない、他人に親切にする、ルールを守るといったことや、体力をつけたり、健康に過ごすための学習も含みます。こういった基本的なことを覚えることによって、忍耐力や社会性、意欲といった生きる力が身につくようです。

私もまったく同意見です。子どもがいいことをしたら褒め、悪いことをしたらきちんと叱って、何がよくて悪いのかをしっかり伝えること。利他的な行動が取れるよう導くことこそ、大事だと思います。

多くの選択肢があることと幸福度には密接な関係があるそうです。〝成功〟のイメージを狭めるような早期教育するよりも、たくさんの価値観に触れさせてあげる――そんな教育に、私は未来を感じます。

「子どもの服は薄着がいい？それとも厚着がいい？」

暑さ寒さの調整は、子どもどころか大人でもむずかしいところがありますよね。

天気予報で今年いちばんの冷え込みといわれて、保温機能があるとされる肌着を身につけ、肌着の上にはカイロまで貼り付け、ウールのニットを着て、厚手のダウンジャケットをはおってしっかり防寒して寒さに備えても、通勤の満員電車はおしくらまんじゅう状態で汗をかき、電車を降りればその汗が冷えて寒さに身震いする……。

女性であれば「冷えは体によくない」と言われたことがある人は多いでしょう。妊活中、妊娠中にもよく言われますよね。それなのに、子どものときは、「子どもは風の子」「薄着でいると免疫力が高まり、風邪をひきにくくなる」と言われなかったでしょうか。

たしかに大人と子どもでは体の機能に差があることも多いですが、子どものうちは寒さがプラスに働き、大人になったら冷えがマイナスの効果をもたらすというのは、なんだか不思議だと思いませんか？

知り合いの女性から、お子さんを通わせている保育園で薄着が奨励されているという話を聞いたことがあります。薄着のほうが健康にいいから、という理由だそうです。彼女は「それって本当なのかなぁ?」と首をかしげていましたが、そうして疑問を持つことはとてもいいことだと思います。

寒いときに薄着で過ごすと免疫力が上がる――よく言われることですが、これを確かめるにはどうしたらいいでしょう? たとえば保育園のクラスで、ちょうど半分の子どもに半袖、半ズボンを着せ、さらに下着の枚数も決めて、明らかな薄着で過ごしてもらう。もう半分の子どもは気温や室温に合わせてその都度、服装を調整する。これで1年間、熱を伴う風邪を何回くらいひくかを比べます。風邪の原因となるウイルスに対する抗体価が上がるかどうかを見るために数回採血するのもいいかもしれませんね。

でもこれは、倫理的に考えると実現がむずかしい研究です。人を対象とした臨床研究を行う際にはいろいろな指針がありますが、最も大事なもののひとつに、研究者は研究の対象となる人も含めた人々の健康、権利を守るというものがあります。さらに研究を行う際は、子ども自身と保護者に内容を説明し、理解を得たうえで同意を取らなくてはいけませんが、それは明らかにむずかしいので研究自体が成立しません。

もし仮に可能になったとして、風邪をひく回数や風邪のウイルスに対する抗体価に差が出たところで、その原因が薄着だけにあると判断することはなかなかできません。統計学的に有意差（意味のある差）が出る調査をするには、とてもたくさんのサンプル、つまり人数が必要です。生活習慣病の原因を探る研究では少なくとも数千人以上が必要とされていますが、この研究にも同じくらいが必要でしょう。実際、日本で発表された医学雑誌を検索できるサイトで調べてみても、着衣の枚数と免疫の関係を調べた論文はありません。

「ネルソン小児科学」という小児科の有名な教科書がありますが、その第18版には、子どもは平均して年に6〜8回は風邪をひき、9〜15％は少なくとも年に12回は風邪をひくとあります。

このように風邪をひく頻度はもともと個人差が大きく、何によるものかはわかりません。免疫システムが未熟なせいかもしれない、きょうだいやクラスメイトからウイルスをもらう機会が多いせいかもしれない、もっとほかの理由かもしれない……。

ですから、子どもが寒がっていると思われるのに、わざわざ薄着にする必要はありません。寒いときに薄着で我慢したからといって、別に体が強くなることはないのです。

冬は寒さと風邪との関係が話題にのぼりますが、夏は暑さと汗との関係がよく心配されます。「汗をかかないと汗腺が発達しない」「汗をかけばかくほどいい」「だからクーラーは体に悪い」という話を聞いたことはありませんか？
冬を薄着で過ごすと汗をかくチャンスがとても減りますが、夏はどんどん汗をかけといわれる……。これも矛盾した話ですが、主にインターネット上で〝季節に合わせた自然な状態〟として礼賛するメディアを見かけます。

ところが、体温調節機能が未熟な子どもは、暑い環境では熱中症の危険が大きいものです。熱中症に備えて、自分で水分と塩分を摂ることもできません。屋内外を問わず、水分や塩分を補給できないままで暑いところに長くいたら、命に関わります。

水と塩も量が大事で、2015年には、保育資格者のいない認可外保育施設でイオン飲料に食塩を混ぜたものを1歳の子に飲ませたところ、塩の量が多すぎて子どもが死亡する事件も起きています。※1

子どもの状態を見ながら保護者が温度を調整し、その都度、適量の水分と塩分を与えてあげるのがベストですが、保育園では一人ひとりにそこまで目が届かないことがあります。保育士は子どもの年齢によって配置基準が違い、子ども3〜30人に1人しかいません。体調が悪くなった子がいても、保護者が見ているときのようにすぐには気づけないことがあります。だからこそ、子どもが集団で長時間を過ごすような場所では、ほとんどの子が不快を感じたり体調を崩したりしない温度・湿度を保っておく必要があるのです。

「それでは汗をかけないじゃないか」という心配は無用です。エアコンがついている室内で長い時間を過ごすにしても、1日のうちに一度もエアコンのない場所へ行かないというのは考えにくいことです。保育園の行き帰りには暑さを感じて汗をかくはずですし、屋内でも十分にエアコンがきいていない部屋はあるでしょう。また室内であっても、走り回ったりダンスをしたりなどの運動をすれば、汗はかきます。

暑い環境に何度も身を置いたり、そんな中で運動をくり返したりすることで、たくさんの汗をすぐにかけるようになることを「暑熱順化《しょねつじゅんか》」といいます。暑さに耐えられるように、体温上昇や心拍数の増加を抑えるんですね。こうした暑熱順化は、1日に1~2時間ほど暑い環境にいれば、数日~2週間程度で完成するといわれています。[※2]

一般的に小さい子どもほど自分で衣服の調節ができませんし、「寒い」「暑い」と訴えることもむずかしいもの。保護者のみなさんも子どもが泣くと「暑いのかな?」「寒すぎるのかも?」とその不快感を予測して衣服や冷暖房を調整すると思いますが、それが正解です。子どもは大人よりも平熱が高いから薄着にすべきという人もいますが、体が小さいぶん、温まりやすく冷めやすいのです。大人よりもこまめな脱ぎ着が必要です。

大人が寒さを感じていたら子どもはもっと寒いので、重ね着をさせましょう。汗をかいていたら暑いのでしょうから、汗を拭いて脱がせます。肌着を着させたら冬は暖かく、夏は汗を吸ってくれていいと思いますが、常に肌着を着せるべきという意味ではありません。すべての子どもに当てはまる絶対的な正解というのはなかなかないので、それを探そうとするよりも、目の前にいるお子さんをよく見たほうがいいと思います。

といっても衣服の調整にも別の苦労があるんですよね。私は冬になると娘に寒い思いをさせてはいけないと考え、カーディガンやジャンパーを着させて送り出したのですが、暑くなるとすぐに脱いでしまうようで、帰りには学校や学童保育に置いてきてしまうということがたびたびありました。翌週に何日分もまとめて持ち帰られると、ちょっとギョッとしたものです。でも、やはり子どもが自分で判断できないうちは、保護者や周囲の大人が相応の衣服で調節することを気にしてあげたいですね。

※1　朝日新聞デジタル「食塩4・5～5g摂取か　1歳児中毒死、ほぼ致死量相当」https://www.asahi.com/articles/ASK7M6FMHK7MUTIL03P.html
※2　朝日新聞デジタル「汗をかく力は2歳までに?　エアコンは子どもに悪いのか」https://asahi.com/articles/ASL8Y42N0L8YUBQU00F.html

「日々のボディケアは、どこまでやるべきか」

育児書には、子どもを清潔で快適な状態に保つためのボディケアについて細かなルールや正解があるかのように書かれています。読んでいると「こうしなきゃダメなんだ」と思えてきますが、じつは明確な決まりはありません。

日本の多くのお母さんとお父さんは、お子さんをきめ細やかにケアしています。「子どものために最良のことをしてあげたい」という気持ちからでしょう。でも、ほとんどは毎日のことですから、全部が全部パーフェクトにできなくても当然です。お風呂でもスキンケアでも歯みがきでも耳掃除でも爪切りでも、すべてに時間と労力をたっぷりかけていては、親だって疲れてしまうこともありますから、ある程度でよしとしましょう。

《お風呂》

外来で「毎日お風呂に入れないといけませんか？」と聞かれることがあります。

オムツかぶれやあせも、とびひ、アトピー性皮膚炎などの肌トラブルがあるお子さんは、医師の指導のもと、できるだけ入浴させましょう。また、それらの肌トラブルの予防のためにも、たくさん汗をかく夏はシャワーくらいは浴びたほうがいいと思います。

でも、幼児期や学童期の子どもが面倒くさがってなかなかお風呂に入らないと手を焼きますね。お母さんやお父さんが疲れていたり、子どもがお風呂を嫌がって暴れて入らなかったり、お風呂の前に眠ってしまったりして「今夜はお風呂に入れられなかった……」ということは、多くの家庭でよくあることです。1日や2日、お風呂に入らなくても問題ありませんから、罪悪感を持つ必要はありません。できる範囲でがんばりましょう。日本以外では、毎日お風呂に入らないという国もたくさんあります。

私のふたりの娘もそうだったのですが、「入浴剤を入れるよ」と言うと飛んでくるかもしれません。いろいろな種類のものがありますから、選ばせてあげるとさらにワクワク感がアップしますね。大人も一緒に楽しみましょう。

それから、1か月健診で私がよく質問されるのは「赤ちゃんは、いつから大人と一緒のお風呂に入れますか？」ということ。これには明確な基準がないのです。小児科医のための教科書を見ても、乳児の入浴は何℃のお湯に何分間つかるのが適切なのか、生後何日から成人と一緒に入っていいのか、などといったことは一切書いてありません。

循環型の浴槽で24時間温度を保っている状態では、免疫力の弱い乳児がレジオネラ感染症にかかる心配がありますが、一般的なお風呂であれば赤ちゃんが大人と一緒に入ることでデメリットが生じるとは考えにくいです。実際に産婦人科を退院して間もない頃から、お父さんが赤ちゃんをお風呂に入れて、お母さんが体を拭いたり服を着せたりする……という連携プレイをしているご家庭もあります。耳に水が入ることを心配する人もいますが、必ず出てきますから大丈夫です。これは大人も同じですよね。

《スキンケア》

お風呂上がりに化粧水や乳液を顔や全身に塗って保湿する大人は多いと思います。では赤ちゃんはどうでしょうか。小さな子のお肌はツヤツヤしてやわらかそうに見えるので、スキンケアは必要ないと思われているのか、「こんなに小さい子の肌に、何か塗らないといけないですか？」と外来で聞かれることがあります。

でも、じつは子どもの皮脂量は20代女性と比べても半分以下しかないことがわかっています。加えて小さな子ほど皮膚そのものが薄いため、保湿・保護する必要があります。乾燥によって皮膚のバリア機能が失われると、かゆくなったりするだけでなく、そこからいろいろなものが侵入してアレルギーを発症することが知られているからです。反対に、しっかり保湿すれば、アレルギー予防につながります。

まず、石けんやボディシャンプーは、必ず泡立ててから体につけましょう。タオルやスポンジでなく、大人が手の指の腹を使って洗ってあげます。力の調節がしやすく、皮膚表面を傷つける心配が少ないからです。そしてシャワーなどで十分に流してください。

お風呂上りには保湿をします。「ワセリン」のように肌の水分が乾燥によって奪われるのを防ぐ保護剤と、「ヘパリン類似物質」のように水分を与える保湿剤がありますが、どちらでも構いません。夏はベタベタするのを嫌がるお子さんが多いのでローションタイプ、冬はしっかり皮膚表面にくっついて守ってくれる軟膏やクリームタイプがいいでしょう。

カサつきがひどい場合は、小児科や皮膚科で保湿剤などを処方してもらうこともできますが、乾燥以外のトラブルが特になければ市販のもので大丈夫です。また子ども用と大人用にはたいして違いはないので、どちらでもいいでしょう。

どんな保護剤・保湿剤でも、1回塗ったくらいではよくも悪くもなりません。頻度と量が大事です。塗る量は、表面がテカるほど、あるいはティッシュペーパーがくっつく程度です。これを1日2回続けても乾燥がおさまらない場合、かゆみや赤みがひどい場合には、小児科か皮膚科を受診してくださいね。

化粧品のCMで定番のフレーズに「肌に浸透する」というものがあります。でも、実際にはどれだけがんばっても、表皮の一番外側の角質層止まりです。肌の吸収力はその程度で、それより奥には入りません。お肌にいいものは深く浸透してほしいと思うかもしれませんが、そうはいかないのです。

反対に、「経皮毒《けいひどく》」といって、「皮膚から悪いものが吸収される」と心配する人たちもいますが、そんなことはあり得ないので心配しないでくださいね（116ページ参照）。

《歯みがき》

歯が1本でも生えてきたら、少なくとも夜に寝る前1回は歯をみがきましょう。それから、毎食後にみがく習慣がつくよう、少しずつ回数を増やしていきます。初めはガーゼや専用のクロスなどで拭いても構いません。慣れてきたら、年齢に合った歯ブラシに変えましょう。お子さんが大きくなって自分でやりたがっても、仕上げみがきは大人が行います。

離乳食を開始すると、より虫歯になりやすくなるので注意してください。母乳やミルクに入っている乳糖では虫歯になりにくいですが、それでも授乳後は歯みがきを忘れずに。

歯が生えると、唾液中のカルシウムが歯につくことによってさらに硬くなっていきます。フッ化物は歯を硬くする効果がありますが、乳歯でも永久歯でも、歯が生えた直後にフッ化物を塗ると虫歯予防にいいでしょう。

《耳掃除》

「掃除したほうがいい」「いや、する必要がない」——耳掃除についてはどちらの説もよく見聞きするので、混乱しますよね。実際のところはどうでしょうか。

日本耳鼻咽喉科学会のウェブサイトに「子どものみみ・はな・のどの病気Q&A」というページがあります。[※1] それによると耳の穴の中の、見える範囲のものを無理なく取ってあげるといいと書いてあります。ただし、耳そうじ中に誰かにぶつかったり、歩きながらやったりすると鼓膜のケガにつながることがあるので注意してください。普段の生活で体を動かしていると、耳あかは内側から外側に移動してくるので、頻繁に掃除をする必要はありません。お風呂のあとに綿棒で水滴を取るくらいで十分です。

慢性疾患があって体を動かすことが少ない子に多いのですが、まったく健康な子でも、ときどきびっくりするくらい耳あかがたまっている子がいます。私のクリニックでも、元気な中学生が、耳の穴の形に固まった耳あかのために痛みがあって受診したので取ったことがあります。自分で綿棒を使っていたとのことですが、おそらく耳あかを押し込むような感じになっていたのでしょう。小児科で耳垢鉗子《じこうかんし》という専用の器具を使って取ることもありますし、耳鼻科で耳あかを柔らかくする処置をしてから取ることもあります。

一度、懐中電灯などを使ってお子さんの耳をのぞいてみてください。耳の穴が塞がるくらい耳あかが詰まっていたら、耳鼻科か小児科に行きましょう。

《爪切り》

1か月健診をしていたとき、ひとりのお母さんに「爪を切っていいでしょうか」と聞かれました。爪が伸びていたら、どの年齢でも切ってあげてください。伸びていなければ切らなくても構いません。赤ちゃんの場合、爪が伸びてくると顔をひっかいてしまってケガの元になることがあるので、ときどき確認しましょう。

また、子どもは爪が薄いので、いろいろなものを触ったり手足を動かしたりしているうちに先端部分が剥がれることがあります。初めは子どもの爪切り用のはさみを使うと、切りやすいと思います。

なお、ムチムチとした子どもの足に爪が食い込んで巻爪になることがあります。痛そうにしていたら皮膚科か小児科に行きましょう。大人と同じく左右の方向に巻いていることもありますし、短い爪の先端が指に入り込むことがあります。爪の切りすぎにも注意してくださいね。

※1　日本耳鼻咽喉科学会「子どものみみ・はな・のどの病気Q＆A」http://www.jibika.or.jp/citizens/handbook.html

第3章

これを知っておけば大丈夫！

よくある子育てのデマ

「その育児情報サイト、本当に正しいでしょうか？」

スマホやパソコンがあればすぐに情報収集できるインターネットはとても便利で、今や私たちの生活に欠かせません。でも、そこにある情報は玉石混交です。「子育て中のママやパパ向けの情報サイト」などといいながら、びっくりするほど裏づけのない情報ばかりが掲載されているサイトもあります。

「正しい情報を取捨選択するのが保護者の務め」と言ってしまうには、その見極めはむずかしすぎるでしょう。どれも正しく見えて「何を信じていいのかわからない」と悩ましい状態になりますし、緊急を要するときはパニックになってもおかしくありません。

私にも「インターネット上から間違った情報をなくしたい」という強い思いはあるのですが、何しろ量が膨大なので、一つひとつ「これは間違っている」「この部分は正しい」と検証するのは不可能です。たとえチェックできたとしても、次から次へと新しいものが出てきて追いつけません。

そこで、保護者のみなさんが自分で判断して、正しい情報にたどり着くためのポイントを考えました。大きくわけて5つあります。具体例とともに見ていきましょう。

①　伝聞系の記述は疑おう

現代は、誰もがSNSなどで情報発信できる時代です。誰が書いたかわからず、第三者のチェックがなさそうな情報でも、人目を引いて斬新な内容だとつい読んでしまいますよね。そして、面白い情報ほど拡散されやすい傾向にあります。

でも、〝人目を引く〟記事にこそ注意が必要です。たとえば、こんなことを書いているサイトを見かけます。

「お母さんが妊娠中に骨盤ベルトをしていると子宮の形がよくなって、早産が防止でき、生まれた子が育てやすくなるそうです」

ポイントは、「～だそうです」「～といわれています」という伝聞系の表現です。何か根拠があって、誰かが言っているような印象を受けますが、そうでないことが多いのです。この例だと、子宮は骨盤の骨に囲まれた深いところにあるので、ベルトを巻いたくらいで形は変わりません。お腹が大きくなっても骨盤ベルトは腰に巻くものなので、子宮を圧迫するように締めつけてはいけません。また、骨盤ベルトを巻くことは早産の予防にもなりません。お腹の中にいた姿勢と育てやすさの関連性も証明されていないのです。「○○をしないと子どもが大変なことになってしまう」という印象づけもよくないと感じます。

② キャッチーな言い回しに注意！

伝聞形を使わずに断言していれば正しいのかというと、そうではありません。
たとえば、「足は第二の心臓」「皮膚は第二の排泄器官」というような言い回しは、非常にキャッチーですし、意外性があって面白いですよね。けれども、これはとても誤解を生みやすい表現です。

各臓器は、それぞれに本来の役割を果たしながらも、はっきりとした境界がない状態で連携し合っていますから、足と心臓がまったく無関係だとはいいません。しかし、それでも足は「第二の心臓」ではなく、足は足です。そういったところから、「長生きをするには、足の裏やふくらはぎを揉むだけでいい」という言説も出てきますが、こうなると極論でしかありません。

試しに私が正しい情報に言い換えてみましょう。「足には体で最も大きな筋肉である大《だい》臀筋《でんきん》があり、それを動かすことで循環機能が向上します」、でもこれだとキャッチーではないので、あまり人目を引きませんよね。正しい情報とは、そういうものなのです。

③ 偏った情報ばかり何度も見るのをやめる

「私は幅広いサイトを見ていろいろな情報に触れているから大丈夫です」と言う人がいます。いろいろな情報に目を向けるのは悪いことではありませんし、そうされている保護者のみなさんは勉強熱心で素晴らしいと思います。

しかし、残念ながら、見ているものが本当は「幅広い情報」でない可能性もあります。不確かな情報、誤った知識は、出どころがひとつということがよくあるからで、媒体によって少しずつアレンジして掲載するため、違う記事に見えるだけです。そうなると、自分では幅広い情報に当たっているつもりでも、じつは同じ情報を集めてしまっていて、気づかないうちに視野がとても狭くなっていることがあります。

仮に「ワクチンは効かないし、危険である」「ステロイドは副作用が強いので危険」といった、現代の医学で標準的ではない考えをくり返しインプットしたとします。受験勉強などもそうですが、反復すればするほど自分の一部のようになっていきますよね。それをほかの人から「間違っているんじゃない？」と指摘されると、たいていは反発を覚えます。まるで自分自身を否定されたように感じる人もいます。結果、「批判してくる人は何も知らない」「私のほうが正しい情報を知っている」「私は本当のことに気づいている」と一種の優越感や頑《かたく》なさが出てくるものです。

子どもにワクチンを打ちたくない、アトピー性皮膚炎があってもステロイド軟膏《なんこう》はもちろん保湿剤さえ塗りたくないという保護者のみなさんも、子どものことを大切に思っているからこそ熱心に情報を集め、信念を強めていきます。

そういった保護者の方に外来でお話を聞くと、「私は何冊も本を読みました。お医者さんが書いた本です」というようなことを言われます。しかし、とても残念なことですが、医師の中にもいろいろな人がいて、多くの専門家が正しいとする考え方に反対し、「異端」の立場を取りたがる人もいます。「ワクチンは危険だし、いらない」という本は、そうした医師によって書かれています。

ほかの治療についても同じことがいえます。「○○は危険だ」という本やサイトは気になるものですよね。子どもを危険にさらしたくないと思うがゆえに信じてしまう。でも、そうした情報に出合ったら、もうひと踏ん張りして、「○○は安全だ、治療に必要だ」という本や記事も一緒に読んでください。

④ わかりやすさだけを追究したサイトに注意

子どもの世話をしている保護者は毎日大忙しですから、目に入りやすく、わかりやすい言葉で書かれ、しかも自信を持って断言している文章に頼りたくなるときもあるかもしれません。イラストや図が多かったり漫画形式だったりして、パッと見てすぐに大まかにでも理解できるものは、すごく親切に見えますよね。制作している側にとっては、内容よりも見やすさを優先したほうが、アクセス数が伸びるという事情もあるのでしょう。

ただし、単純化されすぎた情報は正確でないことが多いものです。保護者がそれに惑わされて困ったことになっても、誰も責任はとってくれません。わかりやすいからといって、正しいと思わないようにしましょう。

⑤　育児法や治療法の正解が「ある」と思い込むのをやめる

私は小児科医と保護者の両方を長くやっていますが、「子育てに正解はない」とたびたび感じています。

病気や体の不調には、いまだに原因も治療法もわからないものが少なくありません。病気になる原因は単純ではなく、誰かが悪いからでもないのです。ましてや育児法に正解はありません。それなりの方法も提案されてはいますが、すべての子どもに効果がある万能な方法というのはないと思ってください。だからこそ、いつの時代も「子どもが寝ない」「子どもが食べない」などという悩みを持つ保護者がいるのです。

悩んでいるときに「私の提唱する方法なら、必ず寝ます！　食べます！　病気が治ります！」などと言う人がいると、信じたくなる気持ちはわかります。けれども、「必ず」という言葉には注意しましょう。どんなにベテランの小児科医や保護者でも、必ずとは言えないはず。また、その子の状態や、置かれている状況を見ないままでアドバイスはできないものです。安易に断言するのはむしろ不誠実で、信じるに値しない証拠だと思います。

一生懸命にやっている保護者の方ほど「私が間違っているのでは」と自分を責めがちですが、必ずしも正解があるわけではないので悩みすぎず、ときには子どもの成長や自然な成り行きに任せながら、トライ&エラーでやっていきましょう。

⑥ 自然＝○、人工物＝×という考えに惑わされない

ネットでよく見かける誤った育児情報には、人工的なものはすべて悪く、自然なものが素晴らしいという世界観があります。

たとえば、皮膚を通じて体内に毒がたまるという「経皮毒」なる言葉を見かけることがあります。経皮毒は、ある薬学博士が提唱した考えで、医学用語ではありません。

この言葉は、女性の美容情報などでもよく使われ、一時期は「化学物質たっぷりのシャンプーを使っていると、頭皮から吸収されて、羊水がシャンプー臭くなる」という説がありました。あまりにひどいデマで、周囲の医療者もみな驚いていました。

赤ちゃんのことで心配されるのは紙オムツです。「紙オムツの吸収体に使用される合成界面活性剤が経皮毒となり、オムツかぶれを起こす」という説を見かけたことはありませんか？　だから、「自然な布オムツを使いましょう」となるのですね。けれども、その必要はありません。

オムツかぶれは、排泄物によってふやけた肌を、うんちに含まれる酵素や細菌、おしっこに含まれる尿素やアンモニアが刺激することで起きます。オムツが紙でも布でも起こり得ることですが、吸収体などがない布オムツのほうが蒸れます。お子さんのオムツかぶれに悩んで外来を受診される保護者に、私は紙オムツを使うよう伝えていますし、普段は布オムツだという人にも、オムツかぶれが治るまでは紙オムツをすすめています。

人工的なものや化学物質は危険だという考えがインプットされると、あれよあれよという間に「ワクチンは危険、自然に感染して自然に免疫をつけたほうが強い子になる」「病気になっても薬は飲ませず、自然のお手当がいちばん」という記事が目につくようになります。気がつけば③でお話ししたように、情報が偏っていきます。

現代社会より自然が豊かで人工物が少なく、薬やワクチンもなかった時代には、成長を待たずに亡くなった子どもがたくさんいました。わざわざ逆行して、その時代に戻る必要はありません。

以上に挙げたことを心がけていただければ、間違った情報、人を惑わすようなサイトに振り回されることは確実に減るでしょう。

また、情報の真偽を知りたいときは、その情報を発信している人、掲載している会社などに説明を求めたり、質問をしたりすることも有効です。大事なのは、そのときにていねいに答えてくれるかどうか。

ていねいに説明するどころか、「そんなことはどうでもいい。自分の説を信じないと、子どもが大変なことになるぞ」と脅迫めいたことを言うなら、絶対に信じてはいけません。情報の発信者に直接確認できない場合は、かかりつけ医に質問するのもいいですね。

本当に子どもや保護者のことを真剣に考えている人なら、わかりやすく説明したり、根拠を示したり、質問や相談に耳を傾けたりしてくれるはずです。根拠なく、親たちを脅して信じさせようとする人には近づかないのがいちばんです。

「〝○○フリー〟は、必ずしもいいものとは限らない」

糖質フリー、グルテンフリー、ファットフリー……、買い物のときに「○○フリー」という言葉についつい目がいく方も多いのではないでしょうか。

英語の「ｆｒｅｅ」には「～が含まれていない」という意味があります。「○○を含んでいません」と商品名やパッケージで宣言することが商品としての魅力になるということは、「○○が含まれている商品」にマイナスのイメージを持ち、食べないほうがいいと遠ざけてしまう人が出てくるということです。

特に子育て中の保護者が気になるのは、グルテンフリーでしょう。

私はホームベーカリーでパンを作るのが好きなのですが、夏に暑さのせいかパンがうまくふくらまないときがありました。材料の水を冷水にしたり部屋を涼しくしたり、いろいろ試みても一向にやわらかい全粒粉パンができず、困ってレシピを検索してみたら、グルテンフリーのパンの作り方が出てきました。

グルテンとは、麦などに含まれるタンパク質の一種です。それを避けるグルテンフリーな食生活を海外の人気スターやスポーツ選手がすすめたことで、「健康にいい」「ダイエットに効果がある」というイメージが広まりました。そこで、出産前後の体型維持やお子さんのよりよい食生活のために取り入れたほうがいいと感じる人が増え、それにともなって商品数も増えています。

では、ここでひとつ質問です。グルテンは、私たちの体にどんな悪い影響を及ぼすのでしょうか？

ネットで検索してみると、「海外では健康に気を使う人のグルテンフリー食が常識だけれど、日本は遅れている」「グルテンの悪影響は頭痛、めまい、イライラ、関節痛、疲労感、やる気喪失、ＡＤＨＤ（注意欠陥・多動性障害）、抑うつ症状など、多岐に及ぶ不調」というようなページが上位に出てきました。グルテンという言葉を初めて聞いて、軽い気持ちで検索し、こんなページが出てきたらびっくりして「今度からはグルテンフリーの食品を買わなきゃ！」と思いますよね。

一方、日本語で書かれた論文を検索するサイト「医中誌」でグルテンについて調べると、「グルテンは健康に悪い」「グルテンはあらゆる体調不良の原因になる」というようなことを書いた論文はなく、セリアック病をはじめとする病気に関するものしか出てきません。

セリアック病とは、グルテンを食べると腸の炎症が起きるという、北欧系の人に多い遺伝病です。子どもだと腹部膨満や臭いにおいのする下痢、大人だと下痢、体重減少などの症状を起こすもので、アメリカの一部の地域では250人に1人がセリアック病を持っているといわれますが、日本では極めてまれな病気です。

まれな病気のことを「希少疾患」といいます。その定義は日本で5万人以下しかない病気です。「日本人の0・7%(87・5万人)がセリアック病」という数字をネットで見ますが、根拠となる資料は見つかりません。80万人以上いたら、医療上は希少疾患とは呼ばれず、医師が日々診察している中でも患者さんに出会うはずです。私は診たことがありませんし、知り合いの医師が受け持ったという話も聞いたことがありません。

そうしためずらしい病気やよくわからない体調不良を心配しているのではなく、「子どもが小麦アレルギーかもしれないから」という理由でグルテンフリーの食生活を実践している、という保護者も少なくないようです。が、もしも小麦アレルギーだとしたら、グルテンフリーでも小麦は食べられません。

小麦アレルギーは昔から「Baker's Asthma（パン屋のぜんそく）」といわれ、製粉業者、製パン業者に多いことで知られていました。ぜんそくというだけあって、咳やゼイゼイ、息切れ、発熱、鼻づまり、皮膚のかゆみや発疹の症状が出ます。

また、小麦は運動誘発性アナフィラキシーを起こすことで有名です。アナフィラキシーは吐き気、じんましん、血管性浮腫、鼻炎、呼吸困難、ぜんそく、意識障害といった重い症状を起こし、死亡することもあります。

グルテンフリーをすすめるサイトでは、「グルテンを3週間食べなかったら体調がよくなった」「グルテンを摂ったら肌が荒れた」という体験談もありましたが、小麦アレルギーでもセリアック病でもない人がそうなったなら、それは気のせいだと思います。

病気やアレルギーがなければ、小麦やグルテンを摂っても何も起こらないし、避けることでより健康になることはありません。ダイエット効果もないです。グルテンフリーの商品はそうでないものよりやや高額で、わざわざ選ぶ意味はないでしょう。

自分や子どもが小麦アレルギーかもしれないと疑ったら、自己判断でグルテンフリーの食生活にするのではなく、小児科や内科を受診しましょう。

そのほか、脂肪や砂糖を摂りすぎると生活習慣病などの原因になることから、ファットフリー、シュガーフリーと書いてあるものを選んだほうが健康にいいというイメージがありませんか?

特に子どもの場合、脂肪は成長発達にある程度必要です。ネット記事などでよく見かける「砂糖が急激に血糖値を上げて子どもをキレやすくする」というのはデマです。どちらも、まったく摂らない食生活というのは、かえって不健康だと思います。

「○○フリー」は食品だけでなく、化粧品や衛生用品でも頻繁に目にします。アルコールフリー、パラベンフリー、オイルフリー、ディートフリー、シリコンフリー、ケミカルフリー……。「自分や赤ちゃんの肌に直接使うものは少しでもいいものを」という気持ちから、「○○フリー」とそうでない商品の両方が並んでいたら、前者を手に取るのが正解のような気がしますよね。

たしかに、子どもの肌を拭く製品にアルコールが入っていると、肌が荒れることが多いです。人によってはアルコールに反応して真っ赤になったりします。アルコールフリーの製品を選ぶ意味があるでしょう。病院などでも、アルコールを含まない消毒液を使います。

一方、微生物による汚染を防ぐために入れられている防腐剤のパラベン、化粧品などに含まれるオイルには特に害はありませんが、苦手なら避けてもいいかもしれません。

ディートフリーの「ディート」とは、昆虫忌避剤、つまり虫除けの目的で使われる物質です。この濃度が高いほど持続時間が長くなり、国内では最高で30％の濃度のものまでがあります。濃度ごとに年齢制限、1日に使う回数の制限がありますが、そもそも生後6か月未満の子には使えません。そのくらい小さな子にはディートフリーの商品を選びましょう。有効成分が「イカリジン」のもの、蚊などを避ける効果があるハーブやアロマを使ったものが市販されています。しかし、生後6か月以上の場合、また虫の多い地域の場合は、効果が確かではないハーブやアロマなどを使ったものではなく、ディートやイカリジンなどを使った虫よけのほうがいいでしょう。

シリコンフリーとは、主にヘアケア・スキンケア製品でシリコンが入っていないことを示します。「シリコンが毛穴をふさいで頭皮をベタつかせ、抜け毛の原因になる」という説が広まっていますが、根拠はありません。シリコンは安定性の高い素材で、日用品や食品、工業や医療の分野でも使われています。赤ちゃんの哺乳瓶の乳首や歯固めのおもちゃに使われていることも多いですよね。ヘアケア・スキンケア製品に使われるときだけ悪い影響が出るということはないですし、体に悪いと誤解して避ける必要はありません。

ケミカルフリーの「ケミカル」は英語で「化学的な」という意味ですが、複数形で化学物質・薬品のことです。オーガニックなもの、添加物のないものとは真逆のものを表したいときにも使われます。そのほか、皮膚科では紫外線吸収剤をケミカルと呼びます。日焼け止めクリームなどでかぶれるお子さんには、紫外線吸収剤が使用されていないことを示す「ケミカルフリー」のものを選んであげるといいでしょう。

ただ、ケミカルという語がかなりアバウトに使われていることも多いと感じます。石油由来の美容成分、化学的に合成した美容成分をケミカルと呼んだり、「化学式で表せるものはすべてケミカル」という極論があったりします。化学式で表すことのできるH_2Oは水ですが、水が入っていたら避けるべきでしょうか？　そんなことはありませんよね。

食べるもの、肌に触れるものをすべて天然成分だけにするということは、現代社会ではなかなかむずかしいと思います。

また天然成分が体にいいとは限りません。植物によって皮膚がかぶれることは多々ありますし、当然ですが食中毒のリスクなどもあります。むしろ、そういったリスクを軽減するために現代ではさまざまな成分が使われているのです。

そもそも、特に体に悪影響を及ぼすわけではないものを過度に敵視して避けることには意味がないと私は思います。なんでもフリーならいいというわけではないことを、ぜひ知っておいてくださいね。

「9時に寝ないとキレる子になる……わけがない！」

ある雑誌のコラムで、有名人が「午後10時から午前2時までのゴールデンタイムに睡眠をとっていないと、成長ホルモンが出ないらしいから早く寝る」といったことを書かれているのを読みました。その時間帯に眠っていれば、成長ホルモンが多く分泌され、免疫力が上がり、肌のシミ・シワ予防になってきれいになる、ダイエットの効果も上がる、ということのようです。

成長ホルモンについては、10年以上前に職場のナースとこんな会話をしました。「うちの子が成長ホルモン補充療法をしているから、私も少し打っちゃおうかな」と冗談めかしていうので、私は「不足しているわけではない成人が打ったら、過剰症になっちゃうんじゃないの？」と答えました。十年ひと昔といいますが、睡眠と美容、睡眠と子どもの成長については昔も今もいわれていることがあまり変わっていなくて驚きますね。

成長ホルモンなどといわれると正しいように聞こえますが、これについてはさまざまな説があります。「ゴールデンタイムはなく、入眠直後の3時間が大事」「いや、じつは午前0〜2時が大事」「夜中に目覚めてしまう場合は要注意！」「子どもには、やっぱりゴールデンタイムがある」……、何が本当なのかさっぱりわかりませんね。

そうして、わからないまま「うちの子はなかなか正しい時間に寝てくれない」と不安に思う保護者は少なくありません。小児科の外来で「早く寝かせないといけないと思っているのに、ぜんぜん寝ないんです。どうしたらいいでしょう？」という相談をよく受けます。中にはゴールデンタイムを気にしている方も多いです。

まず知ってほしいのは、睡眠のゴールデンタイムは誤解から広まったものだということです。そういうものはありません。成長ホルモンについても同じです。たしかに成人男性は入眠時に成長ホルモン濃度が上昇しますが、成人女性は日中の覚醒しているあいだにも何度も成長ホルモン分泌のピークがあります。そしてさらに、まとまった睡眠を取っても、分割して取っても、眠りが妨げられたあとに再び眠っても、1日に分泌される成長ホルモンの量は一定だと多くの研究者がいっています。

赤ちゃんの場合はどうでしょう。赤ちゃんは「多相型睡眠」といって数時間おきに寝たり起きたりをくり返します。生後3〜4か月になると、起きる・寝るの日内リズムができます。夜泣きは生後3か月から増え始めて、5〜8か月でピークを迎え、3歳頃までにほとんどの子がおさまります。

研究によって、生後3〜4か月頃から睡眠時に成長ホルモンが出るようになり、4〜6歳を過ぎると入眠期に多量に分泌されるということがわかっています。つまり、子どもも眠りさえすれば成長ホルモンが出るのです。何時に寝ないと分泌されないということはありません。お昼寝を十分にしていれば、夜の睡眠が多少は少なくても大丈夫です。

それでも育児について調べていると、さまざまな情報に出合います。

「保育園に預けた子どもがしょっちゅう風邪をひくのは、自分が早く寝かせられないからだ」と自分を責めるお母さんのブログを読んだことがあります。子どもを保育園に迎えにいき、帰宅して、食事をして、お風呂に入れて、歯をみがいて……、とやっていると就寝時間が遅くなることがあります。どれだけ急いでも、時間がかかっちゃうんですよね。

これも過度に心配しなくていいと思います。睡眠不足が続けば、たしかに健康によくありません。十分に眠れないと疲れますし、注意力・記憶力の低下、気分障害、イライラ感などで本人がつらい思いをします。子どもであっても周囲が困るような問題行動の原因になり得ます。将来的に肥満やメタボリックシンドロームのリスクが上がることも研究によってわかっています。それでも、「○時までに寝かせないと、体が弱い子になる」「キレる子になる」「背が伸びなくなる」という説には、医学的証拠がありません。

乳幼児の就床時刻は、1980〜2000年までどんどん遅くなりました。ライフスタイルの変化によるものでしょう。しかし警察庁が発表する少年犯罪は、検挙数・人口比ともに低下の一途をたどっていて、右肩下がりです。

「睡眠時間が足りないと、発達障害になる」というひどい言説を見聞きすることもありますが、これはまったく逆で、発達に何か問題がある場合、元になっている疾患のために睡眠障害が起こることがあるのです。乳幼児健診などで何か指摘されたり、保育園・幼稚園で問題行動があったりするお子さんがよく眠れていない場合は、小児科で相談しましょう。改善する手立てがあるかもしれません。


睡眠問題は、保護者にとっても子どもにとっても悩みが深いことです。そこに追い打ちをかけるようにして、根拠のない言説を押し付けるのは、とても悪質だと思います。

寝たがらない子を寝かしつけるのは、いつの時代もむずかしいこと。特効薬はありません。昼寝をさせすぎないようにする、日中を活動的に過ごすといった工夫は、子どもがなかなか寝なくて困っている方はもうやっていますね。就寝前にテレビや動画を見せない、入浴や着替えや歯みがきなどの決まった行動を決まった手順で行う、同じ時間に寝かせるようにする、子守唄を歌ったり背中をトントンとやさしくたたいたりする……、いろいろなことをしても寝ないときは寝ません。

第2章でも書いた通り、日本を含めたアジア圏には親子が一緒に眠る習慣があります。みなさんの多くも、子どもが寝つくまでそばにいたり、泣いたら授乳をしたりということを毎晩くり返しているでしょう。けれども、こうしたアプローチこそが、子どもに「眠らないでいると親の関心を引くことができる」「寝つくには親の手助けが必要である」と学習させる機会になっていると指摘する人もいます。ぐずったり夜泣きしたりしたときになだめることが、逆に睡眠問題を維持・増強させるだなんていわれるとがっかりしますね。ただ、たしかに深夜0～朝6時のあいだに3回以上目が覚める子や、寝つきにくく、かつひとりで寝つかない様子が見られたりする子の母親は、そうでない子の母親よりも、寝つくまでそばにいる割合が高いそうです。

ひと通りやってみてダメなら、ひとりで寝かせる訓練をするというのはどうでしょう？　そばにいても寝ないなら、明るい顔で「じゃあ、おやすみ」といって寝室から去り、ご自分は残った家の仕事をやるといった具合に、割り切ってもいいと思います。それが子どもにいい結果をもたらすこともありますし、大人も自分の時間が得られます。罪悪感を覚える必要はまったくありませんよ。

「根拠のない〝母乳信仰〟に追い詰められないで」

「授乳祈願のための神社」というのが全国各地にあります。安産祈願と一緒になっているところも多いようです。女性の乳房をかたどった絵馬がずらっと並ぶ光景は壮観ですが、そこには「母乳が出るようになりますように」と切なる願いが書き込まれていることも少なくありません。

特に昔は母乳に代わるミルクがありませんでしたから、お母さんたちの「おっぱいを出さなきゃ」というプレッシャーといったら、それはもう相当なものだったでしょう。

では、優れたミルク（粉ミルク、液体ミルク）がある現代ではプレッシャーがなくなったかといえば、残念ながらそんなことはありません。母乳で育てるしかなかった時代を経て、粉ミルクがよいとされた時代を通り過ぎ、現代では「ミルクよりも母乳育児のほうが絶対によい」という認識が一般的になったからです。一部では、母乳でないと病気になりやすいなどと脅す、いわゆる〝母乳信仰〟が広まっています。

「どんどん粉ミルクを飲ませせましょう！」という時代があったことを話すと驚かれるかもしれません。日本初の粉ミルクは大正6（1917）年に発売されました。それまでは、母乳が出にくい、または母乳を与えられない場合、他人から〝もらい乳〟をしたり、コンデンスミルクや牛乳を薄めたもの、重湯や米のとぎ汁といったものを与えたりするしかありませんでした。粉ミルクは発売以来、母乳が出にくい、あるいは母乳を与えられないお母さんたちにとって強い味方となりました。

1970年代、第二次ベビーブームが起きたときに、粉ミルクの消費量はピークを迎えました。もちろん、赤ちゃんの数が多かったというのもありますが、当時は「粉ミルクを赤ちゃんに与えるのは、母乳育児よりも先進的かつ合理的で、栄養面からも好ましい」と考える人が多かったのです。

今では「母乳のほうがいい」という価値観が主流です。たしかに母乳には、免疫グロブリン、サイトカイン、成長因子といったさまざまな成分が含まれているため、免疫機能が未熟な赤ちゃんに飲ませることで感染症にかかる確率を低くし、乳幼児突然死症候群（SIDS）などの病気も予防できる可能性があります。母乳は赤ちゃんの消化吸収能力や腎機能に最も適していることもわかっています。また、母乳育児は、母親側にもメリットがあり、子宮の回復や体重減少を助け、月経の再開を遅らせます。

一方で、ミルクに関しては「ミルクで育つとブヨブヨに太る」「腎臓に負担をかける」など事実と異なることが広められています。母乳のメリットが盛んに伝えられ、ミルクのデメリットが大げさに伝えられがちなのが、令和時代の現状です。

でも、考えてみてください。第二次ベビーブームのときに生まれ、粉ミルクを最も飲んでいた世代は現在40代後半になっていますす。問題なく育っていますよね。衛生面で問題のない水が手に入る日本で、現在の知識と技術で可能な限り子どもによい栄養を配合している粉ミルクや液体ミルクを使うことを、悪く言う必要はどこにもありません。

この極端な状態で追い詰められるのは、ほかならぬお母さんたちです。多くの母親は産後すぐから頻回授乳することで、4日目頃から徐々に母乳の分泌量が増加し、2〜3週間後までに安定してくるといわれていますが、スムーズに出る人ばかりではありません。お母さん自身の体質、体調や心理状態、授乳指導のされ方によっては赤ちゃんが育つに十分な量の母乳を出せないこともあります。

そんなお母さんが「母乳じゃないとダメ」と思い込んだとします。世間でいわれているありとあらゆる方法を試してみて、それでも出ない……、こうなると産後うつや育児ノイローゼ、疲労による体調不良が心配になります。また、母乳が足りない場合、ミルクをあげなければ赤ちゃんが栄養不足や脱水や低血糖になる危険性もありますから、注意が必要です。あまり頑なに「母乳でないとダメ」だと思い込むのは危ないですね。

母乳やミルクの周りは、お母さんたちを惑わす情報が特に多いように見えます。なぜかというと、ひとつには日本に母乳の専門家が少ないという事情があります。専門家がいないわけではないのですが、マイナーな存在でしょう。産婦人科医はお産が無事に済んで母子を健康に送り出すまでが仕事で、小児科医は赤ちゃんを診てもお母さんを診察することはありません。助産師には医学的根拠ではなく、個人的な経験や意見に基づいて母乳についてアドバイスしている人が多くいます。だから、正しい情報が伝わりにくいのです。

もうひとつ、ネットメディアが根拠のない情報を広めているのも問題です。特に育児中のお母さんが主な読者層である子育てサイトでは、根拠のない記事が量産されています。そうしたところはたくさんの記事を載せていますが、「母乳の質」という言葉が出てきたら、サイト全体の質を疑っていいくらいだと私は思っています。そのほか以下のような見出しをよく見ると思いますが、すべて根拠はありません。

「ママが食べたものが母乳の味にも直結！　おいしい母乳のつくり方」

「母乳の質が悪いと乳児湿疹がひどくなり、そのままだとアトピー性皮膚炎になる」

「餅や油もの、ケーキを食べると乳腺炎になる」
「母乳量を増やすハーブティーの選び方」
母乳がおいしくなかったら、質が悪かったら、赤ちゃんによくないのではないかと心配になりますね。けれども、こうした記事では味や質を語るわりに、母乳の成分分析をしているものを見たことがありません。一度でもしてみたら、お母さんが食べるものと母乳の成分は直接関係しないことがよくわかるはずです。

私たちが口から食べたものは、まず消化されて小さくなります。そのうちの糖とアミノ酸は消化管から血管を通って肝臓で取り入れられるように分解され、肝静脈を通って心臓に流れます。脂肪は再合成されてリンパ管から胸管を通り静脈に入って心臓へ、そして全身をめぐります。一方、母乳は、血液を材料に乳腺体で作られます。つまり、消化された栄養を運ぶ管と母乳を作る場所は、直接つながっていないのです。

厳格なベジタリアンの女性が長期にわたって動物性タンパク質を摂らなかった場合、母乳中のタンパク質やビタミンB_{12}などが低下することはわかっていますが、授乳期間の数か月の食生活を変えても母乳の栄養素は変わりません。

乳児湿疹は、赤ちゃん自身のホルモンが原因でできるものなので、母乳は関係ありません。お母さんが食事を変えても、乳児湿疹は増えたり減ったりしません。

そして、乳腺炎は、お母さんの食事のせいで起こるわけではないのです。母乳中の脂肪は、乳房内の細い乳管の直径よりも小さいため、詰まることは考えられません。実際は、①赤ちゃんの飲む量よりも母乳の分泌量が多かったり、授乳のリズムが乱れたりすることで、乳房に大量の母乳がとどまること、②下着や抱っこ紐などによる締め付け、③不適切な授乳姿勢、④お母さんの疲れや肩こりなどが、乳腺炎のリスクになります。

特に初めての子育ての場合、何もかもが不安になってしまうお母さんは多いと思います。そんなところに「○○をしないと、こんな悪いことが」「○○を食べてはいけない」などと根拠なく危機感をあおるのは、とても罪深いことだと思います。そうしてあおってくる側は、インパクトを与えようとして言葉も過激になりがちですよね。赤ちゃんが飲み残して乳房に溜まった乳汁を「腐れ乳」と呼んでいるものを見たことがあります。乳房に溜まったからといって腐ったりはしません。ひどい侮辱です。

家族や身近な人がこうした記事を読んで、お母さんの食生活を制限することもあるようです。母乳の出方は人それぞれですし、なかなか飲みたがらない赤ちゃんもいます。なのに、間違った情報をもとに「母乳がまずいから飲まないんだ」とお母さんのせいにしているうちは本当の原因にたどり着けないし、解決策も見つからないでしょう。誰かを悪者にするのは簡単。でも、それで救われる人はいるでしょうか？

また「母乳が出なかったらどうしよう」「母乳が足りないのでは」と悩むお母さんの弱みにつけこむ商売があることも見過ごせません。現に「母乳の量を増やすハーブティー」などというものが販売されていますが、「母乳を増やす」「乳腺炎を治す」と謳っているものは、医薬品医療機器等法（薬機法、旧薬事法：医薬品でないのに効果効能を謳うのを規制する法律）に違反している恐れがあります。おいしいから、香りで気分転換になるからという理由で、嗜好品として楽しむ程度にしておきましょう。残念ながら、今のところ母乳を増やすという根拠のある食品やサプリメントは存在しません。

最後に、「うちは完母で」と決めていても、保育園に預けることになったなど、環境の変化によって実現できないこともあるでしょう。この本でもたびたびお話ししていますが、育児に絶対の正解はありません。「こうじゃなきゃいけない」という思い込みを捨てましょう。まして、そうした価値観を他人に押し付けられたら、そもそもあってはならないことですから無視しましょう。

授乳について、より詳しく知りたい方は、産婦人科医の宋美玄《そんみひょん》さんと私がふたりで書いた『産婦人科医ママと小児科医ママのらくちん授乳BOOK』（内外出版社）を読んでみてくださいね。

「子どもが摂っていいもの、いけないもの 飲みもの編」

子どもの飲みもの、食べものについて、気になる保護者は多いでしょう。だからこそ、「○○は安全」「○○は危険」などという情報が広まっています。

基本的に食品として購入できるものの多くは、厳しい基準をクリアしているので、よほど大量に摂らなければ安心です。ただし、小さい子どもの場合は気をつけるべきことがあるので、まずは飲みものについて詳しく説明しましょう。

近年、イオン飲料は健康にいいという誤解をしている人が多いと感じます。イオン飲料とは、カリウムやナトリウムなどの電解質が入っている飲みもののこと。成分や使い方によっては、「スポーツ飲料」「経口補水液」と呼ぶこともあります。

しかし、イオン飲料を小さな子どもにたくさん飲ませると、危険な状態に陥る可能性があるのです。実際、1歳の子どもにイオン飲料を毎日3～4Lも飲ませていたため、体重増加不良で入院した例が複数報告されています。また生後7か月の子どもにイオン飲料を毎日1・5~2Lも飲ませ、水中毒によるけいれんを起こした例も報告されているのです。

さらにイオン飲料の飲みすぎによって、「脚気心《かっけしん》」や「ウェルニッケ脳症」を発症した例も報告されています。その原因はイオン飲料に大量に含まれる砂糖が代謝される際、ビタミンB1が消費され、不足すること。脚気は動悸や息切れを起こし、心不全にいたることもあるので危険です。ウェルニッケ脳症も、意識障害や運動性障害が起きる深刻な病気。そして砂糖が大量に含まれているのは、イオン飲料に限らず、清涼飲料水全般です。

虫歯がある子にはジュースやイオン飲料などを飲む習慣がある子が多い——これは医学雑誌でくり返し指摘されていることです。すでにお話しした通り清涼飲料水には砂糖が多いのに加えて酸性なので、「脱灰《だっかい》」といって歯のエナメル質からカルシウムイオンやリン酸イオンが溶け出す現象が起きやすくなります。

特に、哺乳瓶で飲みながら寝ると虫歯のリスクが上がることを覚えておいてください。脱水症状を改善するために飲む経口補水液にも、糖分が含まれています。飲ませてそのまま寝かせたくても、うがいや歯磨きをさせましょう。

哺乳瓶がないと寝ないという子には、砂糖を含まないお茶か水をあげましょう。カフェインも入っていないほうがいいですね。

ただ、外来で必要に応じてお子さんにイオン飲料をすすめることはあります。代表的なところでは、脱水症になりやすい胃腸炎（217ページ参照）や熱中症のときです。そんなときは体液の成分に近くて吸収されやすい「経口補水液」や「ＯＲＳ」と書いてあるものを使いましょう。薬局やドラッグストアで手軽に購入でき、脱水対策にとても効果があります。軽度の脱水なら、点滴と同じくらいの効果があるのです。通常のスポーツ飲料などは糖分が多くて塩分は少なく、治療効果が高くありません。

ただ、水と電解質、糖質が急速に必要でないときは、経口補水液を飲ませる必要はありません。つまり日常的に飲むものではないということです。お腹を壊していても、1～2回程度の嘔吐や下痢なら、普通の水分で大丈夫です。

ましてやお腹を壊しておらず、風邪で咳と鼻水があるというときは、乳児なら母乳やミルク、それ以上なら水や麦茶（カフェインの入っていないお茶）で構いません。甘い清涼飲料水も、少量を楽しみで飲ませる程度が安心です。

では、体にいいイメージの100％果汁のジュースはどうでしょう。

ニューヨーク・タイムズによると、アメリカでは「子どもに果汁100％のジュースが必要」と思っている保護者が少なくないようですが、専門家に否定されています。[※1]アメリカ小児科学会は、2001年と2006年に「生後6か月未満の子どもには、肥満や虫歯予防の観点から100%ジュースを飲ませるべきではない」と表明しました。新しい勧告では「1歳未満の子どもに与えるべきではない」とより厳しい内容になりました。[※2]

ジュースの栄養は、果物そのものより劣ります。ジュースでは食物繊維は摂れないし、赤ちゃんが飲むとお腹が張ったり痛くなったりすることがあり、おすすめできません。

100%ジュースは糖分とカロリーの面で、果物よりも清涼飲料水に似ていると思いましょう。子どもにとって清涼飲料水は、適量を守れば危険ではないけれど、必要なものではありませんよね。100%ジュースはおいしいので、お子さんが飲みすぎて食事量が減ることも考えられますし、ほかの清涼飲料水に移行していく入口になることもあります。

やはり、乳児のうちは母乳かミルクのみ、幼児以降は麦茶や水を基本にして、清涼飲料水やジュースは適量にとどめてくださいね。アメリカ小児科学会は100%ジュースの1日最大摂取量を、1〜3歳は118ml、4〜6歳は118〜177ml、7歳以上は236mlといっているので参考にしましょう。[※2]

※1　The New York Times「Pediatricians Say No Fruit Juice in Child's First Year」https://www.nytimes.com/2017/05/22/well/family/pediatricians-say-no-fruit-juice-in-childs-first-year.html

※2　AAP News「Weighing in on fruit juice: AAP now says no juice before age1」http://www.aappublications.org/news/2017/05/22/FruitJuice052217

「子どもが摂っていいもの、いけないもの 食べもの編」

食べものでいちばん気をつけるべきはアレルギーでしょう。
離乳食を進めるときに、なんの食材でアレルギーを起こすのかわからなくて怖いから、1日に1種類ずつ試すという人がいます。私の患者さんで、保育園から「入園までに1日1食材ずつ試してください」というリストを渡された人もいました。でも、その長いリストに医学的根拠はありません。

すでに食物アレルギー症状が出たことがある子、アレルギーのリスクがある子は、食べさせるときに注意が必要です。アレルギー症状とは、口のかゆみや腫《は》れ、嘔吐や下痢・腹痛、じんましんなどの顔・体にできる発疹、喉が締めつけられるような呼吸困難、血圧の低下からくるけいれんや意識障害です。こうした症状の多くは、通常、食べてから1時間以内に出ます。アレルギーのリスクがある子とは、両親やきょうだいに食物アレルギーやアナフィラキシーショックを起こしたことがある人がいる、肌のバリア機能が落ちていてブツブツや赤みがある、離乳食を遅らせている子のことです。

でも、アレルギー症状を起こしたことがなく、リスクもなければ、そこまで慎重になる必要はありません。アレルギーを起こしやすい鶏卵《けいらん》、乳製品、小麦、ピーナッツなどの食材でなければ、1日1食材に縛られることなく食べさせましょう。

アレルギーがなければ、子どもが食べてはいけないものは、それほど多くはありませんが、注意しなければいけないのが乳児におけるハチミツです。2017年、ハチミツ入りの離乳食を与えられた生後6か月の赤ちゃんが「乳児ボツリヌス症」で亡くなるという痛ましい事例がありました。

ボツリヌス菌という細菌が作るボツリヌス毒素によって起きる病気を、まとめてボツリヌス症といいます。その中で、乳児ボツリヌス症は、生後1年未満の乳児が口から摂取したハチミツなどの食材に含まれるボツリヌス菌が消化管内で増殖することで、毒素が発生して起こる病気です。日本での年間の発症報告は少なく、1986〜2017年2月の東京都の症例までで36例とあります。[※1] ちなみに36例のうち、ハチミツが原因と推定されたのは13例でした。

２０１７年の死亡例を受けて新聞各社が、「食品安全委員会まとめ」として「乳児ボツリヌス症の原因となる可能性のある食品の例」を挙げました。[※2] ハチミツのほかに、自家製野菜スープ、井戸水、缶詰とあり、これは私も初めて知りました。過去には、コーンシロップや黒糖が、乳児ボツリヌス症の原因となったという報告例もあります。とても意外ですよね。

「野菜スープも？」と引っかかりを感じた人もいるかもしれません。ボツリヌス菌は土壌、河川、海洋にいる菌ですから、果物や野菜には採取したときから付いていることが多いのです。加熱によってボツリヌス菌は毒素を発生しなくなりますが、芽胞《がほう》を含めたボツリヌス菌と毒素の滅菌と不活化には、１２０℃で４分（あるいは１００℃で６時間）加熱する必要があり、ここまでの加熱は家庭ではそうそうできません。だったら土に接触せず生育された野菜なら大丈夫……、と思いたいところですが、国内の報告例の中には原因がわからなかったものもあります。また、ハウスダストも乳児ボツリヌス症の原因になることがあります。

ボツリヌス菌を避けるためだけでなく、ほかの食中毒菌の予防のためにも、調理の際は新鮮な食品をよく洗い、よく加熱しましょう。代表格のようにいわれるだけあって、ハチミツはボツリヌス菌が含まれる頻度が比較的高いことがわかっていますから、１歳まではあげないようにします。なお、母乳を通してボツリヌス菌や毒素がお子さんに入ることはありませんので、母乳をあげているお母さんは、いつも通りの食事で大丈夫です。

ハチミツも井戸水も黒糖も野菜ジュースも「自然で体によさそう」というイメージがありますよね。ここまで読んだみなさんなら「天然だから安全」というわけではないことはすでにおわかりだと思います。消毒や精製、加工、保存料の添加などは、安全性を高めるものでもあるのです。

このほか、1歳以降はミニトマト、こんにゃくなどの丸飲みしやすく、喉につまる可能性のある食品を細かく切りましょう。食中毒のリスクが高いもの、刺激の強いカフェインなどの嗜好品も避けたほうが無難です。しかし、これら以外で子どもだから避けないといけない食品はありませんから、あまり心配しすぎないようにしましょう。

※1　NIID 国立感染症研究所「ボツリヌス症とは」https://www.niid.go.jp/niid/ja/kansennohanashi/7275-botulinum-intro.html
※2　内閣府 食品安全委員会「ボツリヌス症」http://www.fsc.go.jp/sonota/factsheets/10botulism.pdf

「離乳食の開始を遅らせたら、アレルギー予防になる!?」

今、子どもの10人に1人が食物アレルギーだといわれています。3歳になった時点での食物アレルギーの有病率は年々増加傾向にあり、しかも年齢が低いほど、その割合が高くなることがわかっています。

乳児から幼児早期で多いのは、鶏卵、牛乳、小麦のアレルギーです。そのほとんどが小学校入学前までに治ることが多いのですが、子どもが生まれたばかりの保護者は「うちの子が食物アレルギーになってしまったらどうしよう」と心配になりがちでしょう。

私はクリニックで保護者の方の質問になんでも応じる育児相談をやっていますが、最も質問が多いのは離乳食やアレルギーについてなのです。

それだけにアレルギーに関してはデマが多いものです。

「2歳までは母乳だけにしたほうがアレルギーになりにくい」「アレルギーを起こしやす

い食材は、できるだけ遅くあげ始めるといい」などと言われています。早いうちから与え始める食材のうち、アレルギーが心配される代表的なものといえば、卵と牛乳です。「卵は、1歳を過ぎるまであげないほうがいいですよね？」と聞かれることが、今もたびたびあります。

まず離乳食を始めるのは生後5〜6か月くらいが適当です。それまで母乳は、赤ちゃんにとってほぼ完全栄養ですし、母乳にならって作られているミルクでも同様に栄養は足りています。ところが生後5〜6か月頃になると、成長にともなって必要な栄養が増え、母乳やミルクだけでは足りなくなります。だから、母乳やミルクだけではダメで、離乳食を始める必要があるのです。2歳まで母乳だけというのは、アレルギーを予防するという根拠がないうえ、栄養が足りなくなるのでよくありません。

実際、環境省が行っている「子どもの健康と環境に関する全国調査（エコチル調査）」では、8割以上の保護者が生後5〜6か月のときに離乳食を開始していました[※1]。

ただし、アレルギーの原因になりやすい卵や牛乳は約8割、小麦は約7割の保護者が離乳中期といわれる生後7〜8か月の時期に与え始めているとあります。じんましん・呼吸困難・下痢・低血圧などの激しいアナフィラキシーショックを起こすことで知られているソバは88％、ピーナッツは95％が、1歳を超えても食べさせていませんでした。

やはりアレルギーを起こしやすい食材は遅らせたほうがいいのでしょうか？

日本小児アレルギー学会の「食物アレルギー診療ガイドライン」によると、アレルギーの発症を心配して離乳食の開始を遅らせることは推奨されない、海外、特にピーナッツアレルギーが多い国では乳児期の早期（4～10か月）にピーナッツを含む食品の摂取を開始することが推奨されている、とあります。※2

そして、じつは厚生労働省の「授乳・離乳の支援ガイド」にも、「食物アレルギーの発症を心配して、離乳の開始や特定の食物の摂取開始を遅らせても、食物アレルギーの予防効果があるという科学的根拠はない」とはっきりと書いてあります。※3

「そうはいっても心配で……」と慎重になる気持ちもわかります。アレルギーは、子ども自身も大変ですが、親も注意しなければならないことが多いし手間も増えるし、大変です。「授乳・離乳の支援ガイド」は、そんな人にこそ読んでほしいと思っています。妊産婦や子どもに関わる医療機関や自治体の保健師向けに作られたものですが、むずかしい言葉では書かれていないので、保護者のみなさんも一度読んでみて損はありません。

日本人は約7割の人が、離乳食をコメからあげます。十倍粥から始める人が多いようですが、ネットで検索して出てくる離乳食用の十倍粥レシピはどれも薄すぎて、栄養不足が

離乳食で卵黄を進める目安

※3より抜粋して作成

離乳初期	離乳中期	離乳後期	離乳完了期
生後5～6か月	7～8か月	9～11か月	12～18か月
固ゆでした卵黄などを試す	卵黄1～全卵3分の1個	全卵2分の1個	全卵2分の1～3分の2個

心配です。79ページで紹介したＷＨＯによる補完食の手引きには、スプーンから容易に流れ落ちない程度の濃さのお粥を与えると書いてあります。

そこから徐々に、ジャガイモ、ニンジン、カボチャなどの野菜、果物、さらに慣れたら豆腐や白身魚、固ゆでした卵黄……、といったふうに種類を増やしていきます。

中期になると離乳食を与えるのも1日2回になりますが、ヨーグルトや塩分・脂肪分の少ないチーズは、その前から与えてもいいとされています。ただし、牛乳を飲用として与えるのは、鉄欠乏性貧血の観点から1歳以降が望ましいと記されています。卵については、上の表のように卵黄1～全卵の3分の1まで与えるように目安が示されています。

以上を読んでいただいたら、子どもの食事で特定の食品を過剰に摂ったり、あるいは避けたりすることがアレルギー予防にならないことはおわかりいただけたと思います。離乳食は徐々に食材の幅を広げ、バランスよく食べさせるのが望ましいのです。

ちなみに両親や上の子に食物アレルギーがあるなどのアレルギーリスクのある子どもに、あらかじめアレルギー用ミルクを飲ませることもすすめられません。食事制限をする場合も、必要最小限であるべきです。すでに食物アレルギーと診断されている場合、明らかな症状があるような場合には、医師に相談しましょう。

外来で保護者から「心配だから、離乳食を始める前にアレルギーの検査をしてください」と言われることがありますが、その必要はありません。理論上、どんな食材でもアレルギーになる可能性があり、保険診療内で検査できる項目だけでも数十種類あります。すべてを検査するわけにはいきません。

また、特に乳児期は血液検査で「アレルギーなし」という結果でも、実際に食べると症状が出ることがよくあります。検査と症状が一致しない場合、大事なのは症状のほうです。逆に検査では「アレルギーあり」という結果でも、症状がない場合は食べるのを控えないほうがいいでしょう。まずは食べてみないとわからないのです。

アレルギーが心配なものを食べさせるなら、平日の午前中にしましょう。何かあったら小児科にかかることができます。量はまず一口から。食物アレルギーは即時反応であることが多いので、通常1~2時間、遅くとも3時間以内に症状が出ます。症状は、ブツブツが出る、吐いたり下痢をしたりする、機嫌が悪くなる、息が苦しくなるなどで、一種類ではありません。何も起きなければ一口だけでなく、徐々に量を増やしていきます。

そういうわけで、ご家庭で保護者が食べているものはなんでもあげてみましょう。一緒に食べられたら楽しいし、食事の用意にかかる負担も少なくなります。

そして、アレルギーというと食事を気にされる保護者が多いですが、じつはアレルゲンは皮膚から体内に入ったときのほうがアレルギーを発症するリスクが高いことがわかっています。ですから、子どもの肌が荒れていたらそのままにしないで保湿する、ひどい場合には小児科や皮膚科に行くなどの対策が必要です。

アレルギーについてよく知りたい場合は、環境再生保全機構の「ぜん息予防のためのよくわかる食物アレルギー対応ガイドブック２０１４」がわかりやすいです。[※4]「ぜん息予防のための」とついていますが、そもそも食物アレルギーとはどういうものか、どういう症状が出てくるか、症状が出た際の対応方法、治療法と診断法、保育園や学校などの集団生活での対応、災害時の備えなどについて詳しく書いてあります。

※1　環境省「子どもの健康と環境に関する全国調査（エコチル調査）」https://www.env.go.jp/chemi/ceh/
※2　日本小児アレルギー学会「食物アレルギー診療ガイドライン２０１６ ダイジェスト版」http://www.jspaci.jp/allergy_2016/chap04.html
※3　厚生労働省「授乳・離乳の支援ガイド（２０１９年改定版）」https://www.mhlw.go.jp/stf/newpage_04250.html
※4　環境再生保全機構「ぜん息予防のためのよくわかる食物アレルギー対応ガイドブック２０１４」https://www.erca.go.jp/yobou/pamphlet/form/00/pdf/archives_24514.pdf

「ワクチンは怖いという デマはどうして生まれる？」

昭和生まれの私が子どもの頃はパーティといえば誕生日とクリスマスくらいでしたが、今の子どもたちはハーフバースデー・パーティやハロウィン・パーティなども加わって、にぎやかで楽しい催しが多いなと感じます。子どもだけでなく保護者同士の交流の場にもなりますよね。

でも、「感染パーティ」という言葉を初めて聞いたときは驚きました。おたふくや水ぼうそうなどの感染症は、ワクチンで抗体をつけることで感染を予防できます。しかし、ワクチンは副作用が怖いと思っていたり、人工物なのでなんとなく不安があったりする保護者が、周囲に感染症にかかった子どもが出たときに、自然に感染させて抗体をつけようと子どもたちを連れて集まることを感染パーティというのだそうです。

実際に外来で「うちの子がおたふく風邪になったので、お友達を呼んで感染パーティをしました」という保護者の話を聞いたことがあります。お子さんの熱が下がったので治ったかどうかを確認するために受診されたのです。「みんな症状が軽かったんです」とうれしそうに話される保護者の方に、「それはたまたまラッキーだっただけです。お友達が感染して苦しんだり、後遺症が残ったり、亡くなったりしたかもしれませんよ」などとお話ししましたが、特に何かを感じることはないような様子でした。

感染パーティはとても恐ろしいことなので絶対にやめてほしいのですが、こうなってしまう原因は、一人ひとりの保護者が悪いとか勉強不足だからというだけではないでしょう。ワクチンについての心配や不安を抱える保護者に対して、わかりやすく正しい知識を届けられていない社会の責任も大きいと感じます。

たとえば母子手帳にもワクチンの情報はありますが、わかりやすくはありません。最初に定期予防接種が紹介され、そのあとに任意予防接種が紹介される決まりとなっています。たしかに、受けるべきワクチンが漏れなく掲載されてはいます。でも、ほかの国の母子手帳を見たら、受ける順番に載っていて驚きました。すごくわかりやすいのです。保護者もうっかり時期を逃すことがないし、医師も確認しやすいでしょう。

ご自分でワクチンについて熱心に勉強される保護者も少なくありません。その熱意には、頭が下がります。ところが、インターネットでワクチンについて検索すると脅かすような

おたふく風邪の自然感染の症状とワクチンによる合併症の確率

	自然感染	ワクチン
おたふく風邪症状	65～70%	頻度不明
無菌性髄膜炎	1～10%	0.1%未満
血小板減少性紫斑病	頻度不明	100万人に1人（0.0001%）
脳炎	0.1～0.5%	頻度不明
難聴	0.3～0.5%	0.1%未満
精巣炎	20～30%	0.1%未満

国立感染症研究所、北里第一三共・おたふくかぜワクチン添付文書、MSD マニュアル、厚生労働省のデータより著者が作成

不正確な情報が多く、書籍を探そうとすると「不要」「やめなさい」「副作用の恐怖」などというタイトルのものがぞろぞろと出てきて、それを見ると反射的に「ワクチンって怖いものなんだ！」と思う人がいても仕方がないと思います。

乳幼児健診をしていると、「ワクチンはなるべく打ちたくないんです」と言う保護者と出会います。

あるとき、外来で「おたふく風邪ワクチンを接種したくありません」と話してくれた保護者に、いまだに流行することがあること、感染した子の数百人から１０００人に１人に治療法のない「ムンプス難聴」という聴覚障害が起こること、ほかにも無菌性髄膜炎《ずいまくえん》、血小板減少性紫斑病《しはんびょう》、脳炎、精巣炎などの合併症があることを説明しました。

上の表は、おたふく風邪に自然感染した場合とワクチンを打った場合の合併症の頻度を比較したデータです。ワクチンを打ったほうが確実に頻度が低いことから、自然感染するよ

りもはるかに安全に抗体を獲得できることがわかります。

また、おたふく風邪は「不顕性感染《ふけんせいかんせん》」といって、感染していても発熱や耳下腺《じかせん》の腫れといった症状がわかりにくく、本人も保護者も気づかないことがあります。それでも、無菌性髄膜炎、精巣炎、膵炎《すいえん》を起こす可能性は十分にあるのです。特に2歳以下では発熱することが少ないので、知らないうちにおたふく風邪になり、難聴になっている子がいるかもしれません。2歳以下のお子さんが自分から「片耳が聞こえない」と言い出すことは、まずありません。だからこそ、ワクチンで予防することが大きな意味を持ってくるのです。先進国でおたふく風邪ワクチンを定期予防接種にしていない国は日本だけです。

以上のような話をすると、その保護者は驚かれていました。感染症にかかったことで起こり得るリスク、それを予防するためにワクチンがあること、深刻な後遺症が残るかもしれないことを理解したうえで「打ちたくない」という考えになったわけではないようでした。最後に、「本を読んだら、ワクチンは有害だし、いらないものだと書いてあったんです」と教えてくれました。

感染症にかかると、どんな症状や合併症が起こり、それをワクチンがどう防ぐかを知るよりも先に、「ワクチンは危険！」ということだけを勉強してしまう……、これもこの保護者だけの責任ではないと思います。ワクチンの利点は書かず、危険性だけを強調するという、偏見に基づいて書かれているとしか思えない本が実際にたくさんあるからです。

じつは「ワクチンって怖い」という誤解が広まっているのは、日本だけではなく世界中で見られる現象です。

歴史をふり返ると、人類が感染症に対抗する手段をあまり持たなかった時代、人々はその病気になる怖さをよく知っていました。いったん感染してしまうと命にかかわる病気が、現代よりもたくさんあったのです。だからこそ、ワクチンの発明と普及はとても喜ばしいものでした。

しかしそこから時代が進んで、ワクチンだけでなく、公衆衛生や医療の発展によって感染症が劇的に減ると、感染症にかかる人、感染症によって命を落とす人を目にすることが少なくなります。すると、次のような段階を踏むことになるといわれています。

①　副反応が過大に注目されて予防接種率が横ばいになる
②　ワクチンへの不信感や恐怖が大きくなる
③　感染症の知識や経験のない人たちのあいだで予防接種率が下がる

現在、③の段階にある国が多く、日本もそのひとつです。

麻疹を例にあげましょう。日本では麻疹の感染者は減り、若手の医師だと診たことがないという人も多いのが現状です。そこで、２０１５年3月にＷＨＯは、麻疹は日本において「排除状態」にあると認定しました。

しかし、２０１９年からは麻疹の報告が相次いでいます。根絶目前だった麻疹が再興してしまったのです。日本だけでなく、アメリカ、ブラジル、ウクライナ、イタリアなど、いたるところで麻疹が再び流行して問題になっています。

それにしても、世界中で麻疹が急速に広まったのはなぜでしょうか。この疑問に答える前に見てほしいのが、次ページの図です。イギリスのガーディアン紙のＷＥＢ版に掲載された「子どもがワクチンを受けたときとそうでないとき、麻疹ウイルスがどのように広まっていくか」という動画[※1]を参考に、私が作成したより簡単なイラストです。集団内に抗体を持った人が少ないほど病気が広がり、逆に増えれば増えるほどその病気が流行しにくくなるということが、おわかりいただけると思います。

麻疹のウイルスは感染力が強いのが特徴です。冬になると大流行するインフルエンザは1人の感染者が抗体のない1・4～4人にうつす可能性がありますが、麻疹は１人の感染者が抗体のない12～18人にうつす可能性があります。インフルエンザは飛沫感染、つまり

【麻疹ウイルスはどのように広まっていくか】

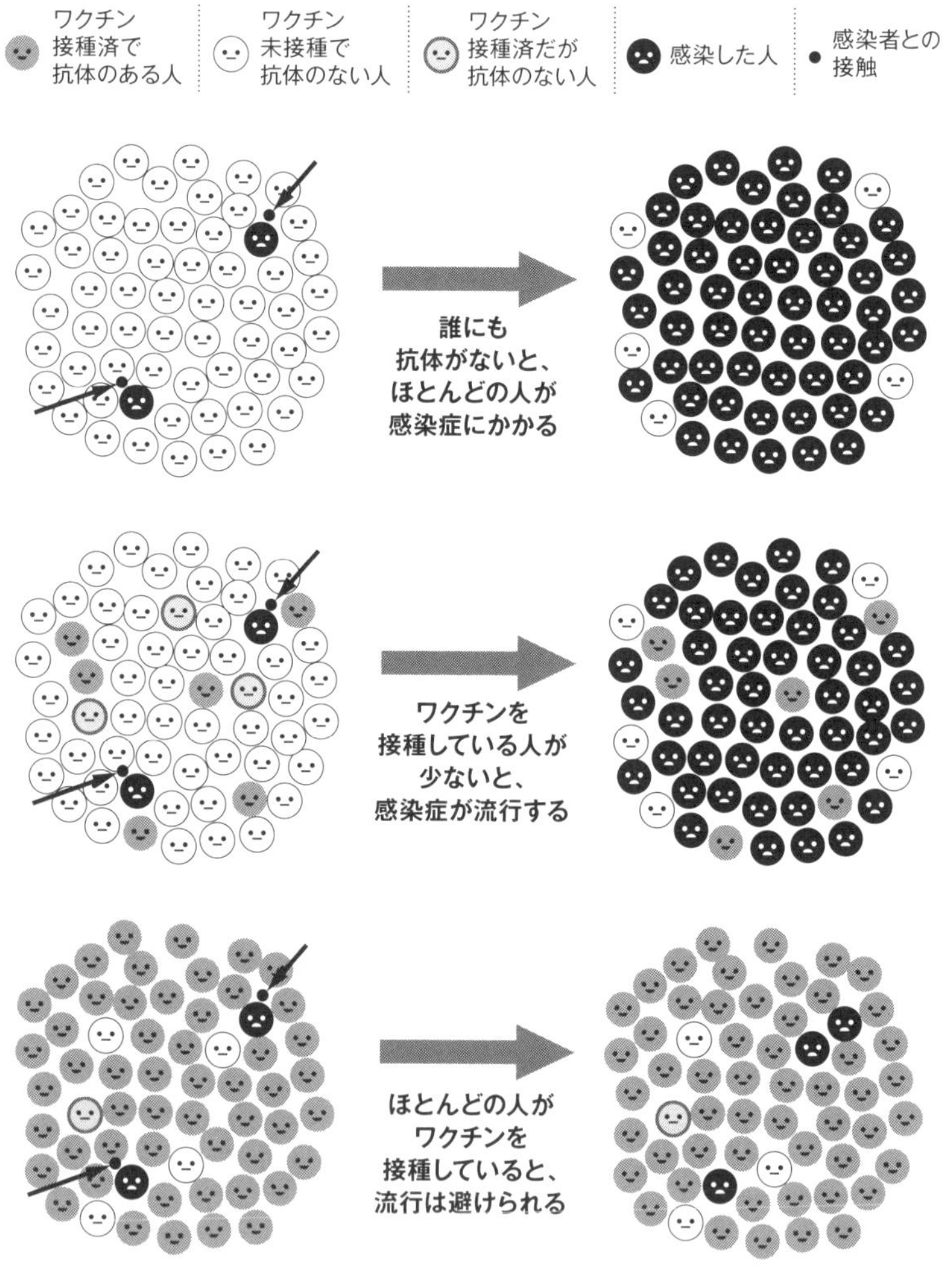
ワクチン接種済で抗体のある人
ワクチン未接種で抗体のない人
ワクチン接種済だが抗体のない人
感染した人
感染者との接触
誰にも抗体がないと、ほとんどの人が感染症にかかる
ワクチンを接種している人が少ないと、感染症が流行する
ほとんどの人がワクチンを接種していると、流行は避けられる

咳やくしゃみとともに口から出る細かい水滴（飛沫）がウイルスを運びますが、麻疹は飛沫、接触以外に空気感染もするので、同室にいるだけで感染する危険性があります。

右の図のように、ＭＲワクチン（麻疹風疹混合ワクチン）を打っている人が多いほど感染を防げる確率が高まるのです。これを〝群れ免疫〟といいます。麻疹は感染力が高いため、十分に抗体を持っている人の人数が多くないと広まってしまう病気なのです。

日本も、麻疹の抗体を持つ人が十分に多くはありません。これは集団として麻疹に弱いということ。結果、国外から持ち込まれたウイルスによって年間に２００～５００人もが感染する状態が続いています。２０１９年には麻疹の患者数は年間７４４人でした。そのうちワクチンの未接種が26％、１回のみ接種が22％、２回接種14％、不明が38％でした。[※2]

２００６年、ＭＲワクチンの定期予防接種が１歳で１回目、５～６歳で２回目を受けるという方式に変わり、対象年齢への接種率は95％以上となりました。[※3] 右の図でいうと、いちばん下にあたるので、十分に感染予防のできる割合だといえます。

けれども、感染源になるのは、それ以前の予防接種の方式で受けていた人たちであることが多いのです。そのため麻疹が周囲で流行しているときなどは、１歳未満でもＭＲワクチンを接種することがあります。ただし、生後６か月以前の子は、お母さんからもらった免疫の影響で、十分に抗体ができないことがあります。その場合、1歳になったら忘れずに再び1回目の接種を受けてもらうことになります。

なお、こうしたワクチンのある感染症は、特別な治療法はないことがほとんどです。治療法がないからこそ、ワクチンが開発されたことも知っておいてください。

特に麻疹の場合は、症状が激しいのが特徴です。体に入ったウイルスの増殖を抑える抗ウイルス薬はないので、重症化して麻疹肺炎になったとしても、点滴による水分補給と吸入と酸素投与くらいしか治療法はありません。治るまでに10日~2週間くらいかかりますが、その後、少なくとも数週間にわたって免疫機能が落ちます。麻疹の感染後、一度かかって治ったはずの水ぼうそうに、再びかかったケースもあります。

麻疹の合併症には、肺炎、中耳炎、心筋炎、脳炎などの中枢神経合併症、そして亜急性硬化性全脳炎（SSPE）などがあります。最も多いのは中耳炎で、10人に1人の割合で起こり、そのまま戻らずに難聴になることがあります。

特に深刻なのはSSPEで、難病指定もされています。麻疹ウイルスが体のどこかに潜伏して長い時間をかけて変化し、脳の病気を引き起こします。麻疹にかかったあと数年から十数年経ってから発病しますが、いったん発病すると病気は進む一方で治療法はありません。日本では麻疹にかかった人のうち１００万人に16人が発症するといわれ、また１歳未満の赤ちゃんが麻疹にかかると発症する確率が上がります。[※4]

このようにワクチンではなく、感染症こそが恐ろしいものです。だから、どうかデマに惑わされず、ＭＲワクチンはもちろん、ほかの定期・任意のワクチンを推奨時期にすべて受けるようにしてください。

多くの人がワクチンを接種して群れ免疫が成立すれば、接種年齢に満たない赤ちゃん、病気などの理由でワクチンを接種できない人、抗体がつきにくい人も守ることができます。

ワクチンについてもっと詳しく知りたい方は、私と宮原篤《みやはらあつし》氏の共著書『小児科医ママとパパのやさしい予防接種ＢＯＯＫ』（内外出版社）を読んでみてくださいね。

※1　The Guardian「Watch how the measles outbreak spreads when kids get vaccinated – and when they don't」 https://www.theguardian.com/society/ng-interactive/2015/feb/05/-sp-watch-how-measles-outbreak-spreads-when-kids-get-vaccinated

※2　厚生労働省「麻しん風しん予防接種状況」 https://www.mhlw.go.jp/bunya/kenkou/kekkaku-kansenshou21/dl/190821-01.pdf

※3　国立感染症研究所「年齢／年齢群別の麻疹予防接種状況　２０１７年」 https://www.niid.go.jp/niid/ja/y-graphs/7924-measles-yosoku-vaccine2017.html

※4　ＳＳＰＥ青空の会「ＳＳＰＥとは」 http://sspeaozora.web.fc2.com/explain.html

「インフルエンザワクチンに効果があるかどうか」

小学校低学年の女の子に「〝インフルエンザ〟と〝インフルエンサー〟って言葉が似ていて面白い」と言われたことがあります。

小学生の子でもインフルエンサーという言葉を知っていることに驚きながら、「もともと同じ言葉からきているんだよ。16世紀のイタリアで、すごい勢いで広がる病気だからという理由で〝影響〟っていう意味の名前がつけられたといわれているよ」と話すと納得してくれたようでした。

インフルエンザは主に冬に流行する急性の呼吸器感染症で、病原はいわずと知れたインフルエンザウイルスです。発症すると高熱が出たり呼吸器が苦しくなったりすることが多く、感染の拡大を防ぐために保育園・幼稚園や学校はお休みすることになります。一定以上の人数が感染したことがわかれば、学級閉鎖にもなります。

流行は例年12月頃から始まり、そして1～2月にピークを迎えます。それに先立って秋くらいから、勤め先や医療機関で「インフルエンザワクチンを接種しましょう」という案内を目にするようになると思います。

インフルエンザの予防接種は、生後6か月から可能です。13歳未満の子は2～4週間あけて2回、13歳以上の人は1回打ちます。65歳未満は任意接種です。流行前に免疫をつけたいなら10～11月に、流行に備えるなら12月中旬頃までに受けるといいですね。

小児科の外来でもお子さんに受けさせたほうがいいか、受けるならいつがいいかとよく相談されますが、その中にはこんな質問もあります。

「でもインフルエンザワクチンって効かないんですよね？」

「WHOが効果なしと言った、ってネットの記事で読みました」

「だから厚生労働省は集団接種をやめたんですよね」

こういう質問に対して、私は「根拠のないウワサなんですよ」と説明しています。

WHOのサイトには、「予防接種はインフルエンザウイルスに起因する感染症や重大な結果を防ぐ最も効果的な方法です」とあります。[※1] 現在の日本では学校などでの集団接種はしていませんが、厚生労働省はインフルエンザの予防に十分な免疫を保つためには、毎年インフルエンザワクチンの接種を受けたほうがよい、としています。

インフルエンザウイルスにはA型、B型、C型があり、ヒトのあいだで流行を起こして問題になるのはA型とB型です。A型はH1〜16とN_1〜9のように亜型があります。ワクチンは、各国ごとにWHOが推奨したウイルスの型や前シーズンの流行状況などを参考にして、6か月ごとに次のシーズンに流行する型（4種類）を予想して作られます。当然ですが、ときには予想が外れることもあります。

それでもインフルエンザワクチンが世界中で推奨されているのは、次のような効果が期待できるからです。

ひとつには、予想された型と流行型が合っている場合、感染後の発症を抑える効果があります。ワクチンを打つ＝その病気にかからない、というイメージがあると思います。それはもちろん間違いではありませんが、100%感染しないわけではありませんし、感染してしまえば発症する可能性がもちろんあります。それはどのワクチンにもいえることです。インフルエンザワクチンの有効性は50〜60%といわれています。免疫反応が弱い65歳以上と2歳未満が有効性を引き下げていますが、それでも十分に高いと思います。

それだけではありません。ワクチンにはもうひとつ、発症してからの重症化を防ぐという目的もあります。もともと呼吸器や心臓の病気を持っている人、高齢者、乳幼児は、インフルエンザにかかると合併症を起こして重症化するリスクがあります。頻度は少ないものの、特に5歳未満ではインフルエンザ脳症、中耳炎、喉が腫れて呼吸困難などになるクループ、肺炎を起こすこともあります。

アメリカの研究では、インフルエンザワクチンの接種によって、２０１０~２０１２年のシーズンに小児集中治療室（ＰＩＣＵ）に入院する危険性をなんと74％も減らしたことがわかりました。[※2] しかも、重症化して肺炎や脳症になるのを防ぐ効果は流行型がはずれていても期待できますから、ワクチン接種に意味がないということはありません。特に体力のない小さな子にとっては、大きく影響してきます。

総合して考えると、「ワクチンを接種しておいたほうがいい」という結論になります。

さて、「インフルエンザワクチンは効果がない」と主張する人たちは、１９８７年の『前橋レポート』を参照しているようです。その当時においては誠実に行われた研究ですが、まだ迅速診断キットもＰＣＲ法もない時代だったのでウイルスが存在するかどうかを正確に判断できる状況ではなかったこと、ワクチンを接種した地域とそうでない地域を比較するにも、接種した地域のワクチン接種率が50％未満で高くはなかったことなどから、「この研究をもって〝効果がない〟とは言えない」というのが、現在の捉え方です。

その後、もっと進歩した方法で行われた研究によって、インフルエンザワクチンには効果があるということが続々と発表されています。

また、インフルエンザは身近な病気であるせいか、ワクチンに対するデマが特に多いと感じます。ワクチン製剤に含まれるチメロサールという物質が、自閉症などの発達障害を引き起こす、と恐れる人もいますが、これにもまったく根拠がありません。厚生労働省が「有害反応リスクは相当低い」と説明していますし、そもそもごく微量しか含まれていないので健康への被害は過敏反応以外にありません。

最後に、インフルエンザにかかってしまったあとの話をしましょう。

「日本人の抗インフルエンザ薬の使用量は世界一」という話を聞いたことがある方もいるでしょう。インフルエンザは、ほとんどの場合、特別なことをしなくても治る病気です。そのため、治療には、対症療法の薬だけが処方されることもあります。必要がないのに薬を飲んで副作用が出たら困るし、医療費もかかります。そして薬によってインフルエンザウイルスが耐性を持つと、重症化したときに打つ手がなくなってしまうからです。

日本小児科学会は、インフルエンザの治療指針をウェブサイトで発表していて、2019~2020シーズンは抗インフルエンザ薬について以下のように記しています。※3

○幼児や、もともと疾患があってインフルエンザの重症化リスクが高い患者、呼吸器症状が強い患者には投与が推奨される。
○なるべく発症48時間以内に投与開始。
○一方で、多くは自然経過する疾患でもあり、抗インフルエンザ薬の投与は必須ではない。

つまり、今後も方針が変わる可能性はありますが、5歳未満、特に2歳未満の小さい子は、抗インフルエンザ薬を使ったほうがよさそうです。そのほかの場合は、熱や頭痛、関節痛、筋肉痛がつらいなら解熱鎮痛薬のアセトアミノフェンを摂る、などといったように対症療法をするしかありません。つらい症状があれば、医師に相談しましょう。

お子さんの登園・登校には、発熱した日を0日目として5日を経過し、解熱してから小学生未満は3日、小学生以上は2日が経っていなければいけないという決まりがあるので守ってくださいね。

※1　World Health Organization Influenza　https://www.who.int/influenza/en/
※2　CDC Newsroom Releases, New Study Shows Flu Vaccine Reduced Children's Risk of Intensive Care Unit Flu Admission by Three-Fourths　https://www.cdc.gov/media/releases/2014/p0327-flu-study.html
※3　日本小児科学会「２０１９／２０２０シーズンのインフルエンザ治療指針」　https://www.jpeds.or.jp/uploads/files/2019-2020_influenza_all.pdf

「なるべく薬を飲まないほうがいいと言うけれど……」

薬に対して、漠然とした不安を持つ保護者は少なくないようです。

中には、自分自身も周囲の大人から「あまりお薬を飲まないように」と言われて育ってきた人もいるのでしょう。頭痛や月経痛などに苦しんでいても「鎮痛剤は体によくない」「飲み続けると効かなくなる」「体に蓄積されて悪い影響が出る」などと言われて我慢し続けてきた……、というのは男女を問わず、よく聞くエピソードです。

そんな体験から、より小さくて未熟である子どもには、もっと重大な影響が出るのではないかと考えてしまうのですね。外来で薬を出すと伝えると、「なるべく飲ませたくない」「たくさん飲ませるとかえって免疫力を下げると聞いた」と言われることがあります。これもお子さんを心配する気持ちからであることは間違いありません。

そして薬に対するこうした感覚は、まるっきり間違っているというわけではないのです。どんな薬にもメリットとデメリットがあります。メリット＝効果で、デメリット＝副作用です。誰にでも等しく効果が出る薬というのがない一方で、副作用がまったくない薬というのもありません。病院ではお子さん一人ひとりの状態を見て、メリットがデメリットを上回ると判断した薬のみが処方されます。薬が体に蓄積されていくことも、飲み続けることで免疫が下がることもありません。

薬そのものへの抵抗感に加え、子どもによく使われる薬に対しての誤解も多いと感じています。それは保護者のみなさんが勉強不足だからとか視野が狭いからとか、そうしたことが理由で起きているのではなく、むしろ勉強熱心だからこそいろいろと調べていくうちに不安が募っていったのだろうと思います。

誤解されている薬の代表格がステロイドです。「使っているとどんどん強い薬にしないと効かなくなる」「体に溜まってデトックスが必要になる」「ステロイドは毒だ」という考えから、「脱ステロイド」などと言っている人も多いようです。略して〝脱ステ〟をSNSなどで検索すると、実践中の保護者のアカウントがたくさん出てきます。

ステロイドには、大きく分けて飲み薬と塗り薬の2種類があります。たしかに飲み薬や点滴などは大人にでも特に慎重に投与すべきもので、成長期の子どもにはより慎重に投与しなくてはいけません。しかし、アトピー性皮膚炎などに使うのは、飲み薬と違って局所的にしか作用せず、ずっと副作用の少ない塗り薬です。

ステロイドの塗り薬は約50年前からあり、安全な使い方も副作用が出る使い方もわかっています。ところが、ひと昔前にステロイドの飲み薬と塗り薬が混同され、その恐ろしさをメディアが大げさに書き立てたせいで、今も誤解が広まっています。

医師は、お子さんの月齢や年齢、部位によって適切な強さのステロイドを処方します。そしてステロイドはどんどん強いものにしていく必要はありません。むしろステロイドによって肌の状態が改善されていけば、塗る頻度を減らすのが一般的です。また、保湿をしっかりしたり、肌の様子を見ながら塗る量や回数を調整したりすることで、トータルとして塗るステロイドの量を減らしていけるはずです。処方されたとき、医師に用法用量をよく聞いておきましょう。

それに、体に薬が溜まってしまうということもありません。仮に体にとどまっていてくれるなら一度塗っただけでずっと効いていてくれるはずですが、残念ながらそうはなりませんから、蓄積していないことがわかります。たっぷり塗ってもそのうちに落ちてしまいますし、少ししか塗らないと肌に十分な効果が出ないので、塗り直さないといけません。

処方してもらったけれど心配だから使わないという人もいますが、わからないことや不安なことがあれば医師や薬剤師に質問してみましょう。

最近では、脱ステロイドだけでなく、〝脱保湿〟を目指す人たちもいます。「保湿剤を塗ると自分で保湿する力が育たなくなる」という独自の説に基づいていますが、これも正しくありません。

保湿剤を塗ると、むしろ角質層の水分量は増えます。自分で保湿する機能を破壊するような機能は軟膏にもクリームにもローションにもありません。乾燥した皮膚のまま「保湿力を育てよう」と放置していると、角質層の水分はさらに逃げ出して乾燥が進み、バリア機能は低下し、かゆみを感じる知覚神経が肌の表面近くまで伸びてきて、よりかゆいと感じやすくなるでしょう。肌に異物が接触することによって、むしろアトピー性皮膚炎を発症することもあります。

近年は肌荒れを放置しておくことで、食物アレルギーになるリスクも高まることがわかっています。皮膚が荒れたところから、アレルゲンとなる食物が皮膚から体内へ入ってしまうからです。保湿をしないと、むしろさまざまなリスクが上がってしまうわけですね。

ステロイドを使うことにも、きちんと保湿することにも、お子さんにとって大きなメリットがあります。脱ステ、脱保湿剤を目指す人の中には、ステロイドを処方する医師や、医師の指示通りに塗布する保護者のことを「ステロイド・保湿剤推進派」と呼ぶ人がいますが、これはおかしいですね。推進派と反対派がいて拮抗《きっこう》しているわけではなくて、がん治療やワクチンのように標準治療をする人と感覚的に避ける人がいるだけです。アトピー性皮膚炎に対してステロイドや保湿剤を塗るのは、世界的な標準治療です。

私は保護者のみなさんに、主観で感覚的に怖いと思う薬よりも、医学的に使うとリスクが高い薬を知っておいてほしいと思います。

たとえば「抗ヒスタミン薬」は、小児のけいれんを誘発することがあります。よくあることではなく、また危険度は低い症状ではありますが、花粉症をはじめとするアレルギー鼻炎を持つ人にはおなじみの薬ですので、知っておいてください。

ヒスタミンとは炎症を起こす物質で、鼻水や痰《たん》などの分泌物を出したり、虫刺されやじんましんなどの際にかゆみや腫れを起こしたりします。抗ヒスタミン薬には、それを防ぐ作用があります。

一方で、眠気、口が渇く、集中力が低下するなど、ありがたくないデメリットがあります。けいれんを起こしたことがある人、神経の病気がある人、特に2歳未満の乳幼児、発熱のある人は慎重に使用すべき薬です。子ども特有の熱性けいれんを起こした際、その前に抗ヒスタミン薬を飲んでいると、けいれんの持続時間が長くなるという調査もあります。

抗ヒスタミン薬には2種類あります。

以前から使われている「第1世代」と呼ばれる抗ヒスタミン薬には以下のような成分名（商品名）があり、眠気などの作用が出やすいので、子どもに飲ませないようにしましょう。市販の子ども用の風邪薬に入っていることがありますから、成分表を確認してください。

《第1世代》

ジフェンヒドラミン（レスタミン）、クロルフェニラミン（ポララミン）、シプロヘプタジン（ペリアクチンなど）

眠気などの作用を出にくくした「第2世代」には、以下のような成分名（商品名）があります。こちらは子どもにとって比較的安全ですが、眠気が出るものもあり、注意が必要です。ただ、医師が第2世代抗ヒスタミン薬を処方する理由のひとつに、風邪がつらいせいか機嫌も寝つきも悪くなっている子が早く寝つけるように、ということもあるようです。

《第2世代：軽度鎮静性・鎮静性》

アゼラスチン（アゼプチン）、メキタジン（ゼスラン・ニポラジン）、ケトチフェン（ザジテン）、オキサトミド（セルテクトなど）

《第2世代：非鎮静性》

ロラタジン（クラリチン）、レボセチリジン（ザイザル）、フェキソフェナジン（アレグラ）、オロパタジン（アレロックなど）

ほかにも、子どもが避けるべき薬があれば知っておきたいですよね。大人も診てもらう内科や眼科、皮膚科の医師は小児が専門ではないので、まれに子どもに飲ませてはいけない以下のような薬を処方してしまうことがあります。

〇リン酸コデイン

強い咳止めの薬です。市販の風邪薬にも入っていることがあるので注意が必要。呼吸が抑制されます。

〇アセチルサリチル酸（アスピリン）、メフェナム酸（ポンタール）、ジクロフェナク（ボルタレン）、ロキソプロフェン（ロキソニン）

大人によく処方される解熱鎮痛剤の類ですが、これらはNSAIDs《エヌセイズ》と呼ばれ、解熱鎮痛効果に加えて、炎症を起こしている部位で痛み物質ができるのを邪魔したり、末梢での痛みの感受性を低下させたりする作用もあります。これを子どもが服用すると腎障害や胃腸障害がより出やすく、ライ症候群、インフルエンザ脳症などを誘因する恐れがあるので使えません。ただし、イブプロフェン（ブルフェン）はNSAIDsですが、比較的副反応が少ないので小児に使うことがあります。

○テトラサイクリン系抗菌薬（抗生剤）

歯牙《しが》の形成不全や着色を起こすことがあります。

○ニューキノロン系抗菌薬（抗生剤）

頭痛やめまい、腱や軟骨の傷害、不整脈の原因になることがあります。

薬のメリットとデメリットのお話をしてきましたが、たいていの医師は、薬を飲まなくて治るなら、それに越したことはないと思っているでしょう。私もそうです。

風邪は大人でも子どもでも、自然治癒するので薬は本来必要ありません。根本的な治療法はなく、対症療法があるだけだからです。咳が出てつらいなら咳の薬、喉が痛いなら喉の薬を処方されることはあっても、早く受診して早く対症療法の薬を飲んだからといって、風邪が早く治ることはありません。166ページでお話ししましたが、多くの場合はインフルエンザも同じです。

近頃は「風邪に薬は必要ない」ということが知られてきたため、外来で保護者から「薬が必要ないならいりません」と言われることも増えました。それは正しいことなので、もしも「いらないのに」と思っている方がいたら、医師に伝えてください。

その逆で、「前の病院では風邪のとき抗生剤（抗菌薬）をもらって治ったので」と抗生剤をリクエストされることもあります。患者さんや家族に、「せっかく来院したのに薬を何もくれなかった」と言われることを恐れて処方箋を書く医師もいると聞きます。でも、抗生剤は細菌には効果がありますが、ウイルスによる風邪には効きません。

医師からしても、薬に頼らず治るのがいちばんなのです。「薬は飲ませたくない」「いらない」という要望があれば、それにそって対処します。希望を言うのはまったく失礼ではないし、医者としてはぜひ伝えてほしいと思っています。

第4章

これを知っておけば大丈夫！

小児医療の正しい知識

「子どもの医療についての正しい情報はどこにある？」

先日、クリニックの外来を乳児連れのお母さんが受診されました。
「子どもの症状をネットで調べたら、ほとんどが心配ないと書いてありますが、深刻な病気が隠れている場合があるというものもあって……」と受診の理由を話してくれました。

これは不安ですよね。子どもの咳ひとつ、鼻水ひとつが気になってしょうがない……、子どもが小さかった頃の私にも経験があります。今では、その頃よりもインターネットが身近な存在になっています。スマホを手にさっと調べることができて便利なのですが、そこで「〇〇という病気の初期症状かも!?」という記事に出合うと、気が気ではなくなりますよね。多くの保護者が共感できるのではないでしょうか。

このお子さんは幸いなことに深刻な病気ではありませんでした。心配を先延ばしにせず、すぐに受診するのは悪いことではありません。そのきっかけをネット記事が与えてくれたと考えることもできますが、記事がなければ過度に不安になって振り回されることはなかったはずです。逆に「こんな症状はたいしたことがないから、自宅で寝かせておけば大丈夫」という記事を信じて、病院で診てもらう機会を失うという可能性もありますよね。

子どもの医療情報に限った話ではありませんが、メディアが発信する情報はすべて鵜呑《うの》みにしていいわけではありません。

現在ではネットメディアはもちろん、これまで信頼性が高いと思われてきた大手企業のサイト、雑誌、書籍にも、おかしな医療情報が紛れ込んでいるので注意が必要です。


たとえば、子育てサイトでは、「ママ（パパ）ライターになりませんか？」というような募集がよく掲載されています。つまり、ライターとしての経験を積んでいない人が記事を書いていることがあるわけです。

どの媒体でも、健康に関わる記事はアルバイト感覚で気軽に書いてはいけません。うっかり「予防接種は受けずに、感染症になった子からうつしてもらおう」という記事を書いてしまって、その記事を信じた保護者のお子さんが予防接種を受けず、感染症にかかって合併症に苦しんだり、後遺症が残ったり、亡くなったりしても責任を取れないのです。

以前、ある子育てサイトに、医師が書いた本をもとに「赤ちゃんへのビタミンK投与」を否定するような記事が掲載され、多くの医療関係者や一般の方から批判が殺到し、記事が削除されるということがありました。

乳児期早期に「ビタミンK欠乏症」になると、8割以上もの子が「頭蓋内出血《ずがいないしゅっけつ》」を起こします。ビタミンKは、胎内でお母さんからもらいにくく、母乳中にも少なく、赤ちゃん本人が作ることもむずかしいため、出生後すぐの赤ちゃんに投与することになっているのです。こういったことは基礎研究・臨床研究でわかっており、国際的にもコンセンサスを得ています。医療的には常識である「赤ちゃんへのビタミンK投与」を真っ向から否定する記事は斬新かつ先進的に見えたのかもしれませんが、赤ちゃんが死んでしまう危険性があり、あまりにも無責任です。このように記事の内容によっては人の命にも関わります。

ですから、子育てサイトに限らず、医療に関する情報を得るときは、書いた人の署名、所属や経歴が掲載されていて、ライター自身が専門家であるか、専門家に取材や監修依頼をしているものを選びましょう。

ただ、それだけでは安心できません。さらに取材相手や監修の人選もチェックしましょう。取材相手または監修者は、同分野で多くの専門家から支持されている人でしょうか？はっきりした医学的根拠（エビデンス）を提示しているでしょうか？

専門家であっても、根拠もなく、ただ極端なことを言っている人もいます。ほかの専門家が指摘する以上の科学的な根拠を示せない突飛な意見には従わないようにしましょう。

それから現在のメディアを見ていると、媒体を問わず「両論併記《りょうろんへいき》」――つまりひとつの問題についてAの意見と、それと真逆のBの意見を両方載せているところが多く、それがバランスのいい記事だと思っている節があります。こういった記事を、専門的知識がない読者が読むと「どっちが正しいの!?」と混乱します。

たとえば「予防接種が自閉症の原因になる」というウワサは、医学的に否定されています。それを「予防接種は安全」という情報の横に並べて「予防接種が自閉症の原因になるという説もあります」と紹介するのは、メディアが絶対にやってはいけないことです。たいていの場合は「一般的な根拠のある説」と「根拠のない極端な説」を同等の正しさがあるかのように並べて見せているだけ。これを「いろんな意見がある」とはいいません。両論併記をしている記事は参考にしないようにしましょう。

近年はある雑誌が盛んに「医者も飲まない薬」「飲んではいけない薬」といった特集を掲載しました。老舗出版社が出すメジャーな雑誌に書いてあるわけですから、根拠が明らかでなくても、信じる人がたくさん出てしまいます。「今まで飲んでいた薬が毒にも等しいものだったの!?」と動揺する患者さんもいて、医療関係者らは雑誌の編集態勢を厳しく批判しました。

でも、いったん広まってしまった情報を取り消すのは、とてもむずかしいことです。さらに「危険」だと不安をあおる情報は広まりやすいのですが、「安全」だという情報はセンセーショナルではないので広まりにくいのです。

ですから、いったんおかしな医療や健康の情報を信じてしまった人には、なかなか正しい情報が届きません。一度、植え付けられた「薬って危ないんだ」という不信感の種は、芽を出しどんどん育ってしまうのです。

ことさらに危険だと不安感をあおる情報に出合ったら、いったん冷静になって調べてみましょう。すぐに信じてはいけません。

しかし、こうした情報への対策は本来、受け手側の努力に委ねるものではなく、情報を発信する側が注意しなければいけないことです。

メディアに関わる人は、取材相手を選び、情報を取捨選択して正しい情報を発信することを怠ってはいけません。面白ければいい、センセーショナルな見出しで注目を集めればいいという記事もあります。もちろん、そういう記事があることを否定はしません。でも、健康に関する記事は、命にもかかわることなので、「正しくはないけど、面白かったからいいよね」では済まないのです。

では、何を見たらいいのでしょうか。わかりやすく正しいサイトは、なかなか見つけにくいという実感が私にもあります。

厚生労働省のサイトには、保護者のみなさんに見ていただきたい情報が多いのですが、文章ばかりで読むのに骨が折れたり、ＰＤＦで掲載されているためにキーワードで検索しにくかったりします。「Ｑ＆Ａ」も専門的すぎるものが多く、子育て中の保護者が本当に知りたい質問がないと感じます。

それもそのはず、じつは厚生労働省のサイトにある情報は医師や看護師、保健師、保育士といった、医療や育児について指導する立場の人に向けたものばかりなのです。イギリスのＮＨＳ（国民保健サービス）やアメリカのＣＤＣ（疾病予防管理センター）のように、平易な言葉で一般の国民にわかりやすく説明するサイトがほしいですね。

しかし、それでも現時点では、厚生労働省や消費者庁といった官公庁、国立感染症研究所、各種学会のウェブサイトを見るのがいちばん確実です。

インターネットで情報を集める場合は、まずは次ページのような公的機関、学会などのサイトを見てみましょう。個別の疾患についても、各学会ウェブサイトでのサイト内検索がおすすめです。ブラウザや一般のＹａｈｏｏ！検索、Ｇｏｏｇｌｅ検索では、ページビューだけ多い、デマばかりのサイトがヒットしてしまうこともあるのでご注意くださいね。

おすすめのウェブサイト

■日本皮膚科学会

https://www.dermatol.or.jp/

「一般市民の皆様」の中の「皮膚科Q＆A」で、虫刺されからヘルペス、とびひなど、さまざまな皮膚の病気について詳しくわかりやすく解説されています。

■日本耳鼻咽喉科学会

http://www.jibika.or.jp/

「一般の皆さん」の中の「子どものみみ・はな・のどの病気Q＆A」では、子どもが耳を痛がるときのこと、耳あかのこと、乗り物酔いをする、鼻血が出る、寝息が止まるなどの気になることを、耳鼻咽喉科医がやさしく答えてくれています。

■日本小児歯科学会

http://www.jspd.or.jp/

「国民の皆様向けページ」では、専門医や認定医がいる歯科を調べられます。また、「こどもたちの口と歯の質問箱」にある成長段階別のQ＆Aがとてもわかりやすいのでおすすめです。たとえば、「3歳の子どものすきっ歯が気になる」という質問に対して、永久歯が生えるために隙間があるほうが正常であるという返答が載っているなど、気になる疑問が解消するかもしれません。

■日本小児外科学会

http://www.jsps.or.jp/

「小児外科で治療する病気」を読むと、切る、縫うなどの治療は小児科でなく、小児外科が専門であることがわかります。また、あまり広く知られていませんが、小児外科の医師は消化器に詳しいのです。「鼠径《そけい》ヘルニア」「虫垂炎」「腸重積」などの小児外科で治療する病気と、その特徴なども詳しくわかります。

■KNOW☆VPD！

http://www.know-vpd.jp/

ＶＰＤとは、「Vaccine（ワクチン）Preventable（防げる）Diseases（病気）」の略です。ワクチンに関しては、このサイトが最も読みやすく網羅的です。「同時接種ってどうなの？」「どの順番で受けたらいいの？」などのよくある疑問にもわかりやすく回答してくれています。「予防接種スケジューラー」というスマホアプリもあるので、ワクチンのスケジュール管理にもおすすめです。

■ NIID 国立感染症研究所
https://www.niid.go.jp/niid/ja/
感染症については、このサイトを参考にしましょう。話題の麻疹や、ジカ熱、定期予防接種になったばかりのB型肝炎などについても詳しく載っています。また、疾患名あるいは感染源や特徴から感染症の情報を検索することもできます。

■国立成育医療研究センター
https://www.ncchd.go.jp/
トップページの「主な取り組み」の中の「妊娠と薬情報センター」にある「ママのためのお薬情報」では、“授乳中に安全に使用できると考えられる薬”、反対に“授乳中の使用には適さないと考えられる薬”についてわかります。お母さんだけでなく、ほかのご家族、医療関係者にも知っておいていただきたい情報です。
また、トップページの「患者・ご家族の方へ」の中の「病気に関する情報」では、感染症以外の病気、薬に関する疑問についても知ることができます。

■日本小児科学会
http://www.jpeds.or.jp/
予防接種のスケジュール、同時接種などについての学会の考えがわかります。また「小児科専門医」の中の「専門医名簿」で小児科専門医を探すことができ、「一般の皆さまへ」というページにも役立つ情報がたくさん掲載されています。

■こどもの救急
http://kodomo-qq.jp/
夜間や休日などの診療時間外に病院を受診するべきかどうか、判断の目安を提供しています。ＰＣ・タブレット端末・スマホ・携帯すべてに対応しているので、迷ったらぜひ見てください。日本小児科学会が監修するサイトなので安心です。

■日本医師会「白クマ先生の子ども診療所」
https://www.med.or.jp/clinic/
主に急な事故やケガ、病気などの対処方法がわかるサイトです。「ドアや窓などに指をはさんでしまった」「腹部、おなかのあたりを痛がっている場合」などの状況から検索することができます。

「小児科なのか他科なのか、迷ったときには……」

今では大学生の長女が高校生だった頃、家庭科の授業について聞いたところ、私の頃とはずいぶん変わっているなぁと感じました。

教科書には「生涯のパートナー選びの考え方を築くのは青年期」「男女の生涯賃金の差」「高齢者になると人はどのような特性を持つか」といったことが載っていたのです。料理、裁縫、掃除などという、家事労働のやり方を主に教えていた時代と比べると、今後生きていくうえで役に立つであろう情報が盛り込まれていました。

しかも、なんと「親になるというのはどういうことか」を解説するページもあったんですよ。子どもの成長発達や衣食住、人権について、高校生のときに学べることを心強く思う一方、できれば「子どもがどんな症状を見せたら、どの科にかかるか」といった具体的なことまで書いてほしかったと思いました。医療機関のかかり方は教わる機会がないので、大人でも「何科で診てもらえばいいんだろう」と迷いますからね。

「でも、子どもはなんでも小児科でしょ？」と思われるでしょうか。

それは間違いではありません。明らかに具合が悪いときだけではなく、症状は軽いけど心配だから診てもらいたいというようなときでも、まずは気軽に相談してほしいと思います。予防接種外来と乳幼児健診は、感染症がうつらないように曜日と時間が決まっているところが多いので、あらかじめ電話で聞いておくといいでしょう。

ただし、小児科は内科系です。外科的な処置――たとえばケガによる傷口を縫うというようなことは、一般的な小児科ではできません。ケガや骨折を疑うときは、初めから外科や整形外科にかかりましょう。頭をぶつけて意識がないような場合は脳外科です。脳外科に行くほどの症状かどうか迷うときは、小児科でも大丈夫です。

つまり、なんでもかんでも小児科に行けばいいというわけではないのです。さんざん待ったあとに診察室で「ここでは診られません」と言われるのはもちろん、受付で「別の診療科に行ったほうがいいですよ」と教えてもらえたとしても、最初から適切な診療科に向かったほうが時間をロスせず、親子ともにつらい時間が短くなりますね。

たとえば、子どもは鼻水や咳が出ることが多いですが、それが風邪なのか、アレルギー症状なのか判断がつきにくいときがあります。子どもは耳の症状を気にしているけれど、鼻水が垂れていて熱もある……、というときは保護者も何をもって判断していいのかわからなくなりますよね。小児科に行くべきか、耳鼻科に行くべきか迷ってしまいます。
日本耳鼻咽喉科学会のウェブサイト内の「一般の皆さん」というページには、耳鼻咽喉科が対象とする症状や病気についての説明があります[※1]。

それによると、音が聞こえづらい（聴覚）、においを感じにくい（嗅覚）、味がわからない（味覚）、めまいがする（平衡覚）といった「感覚」に異常があった場合には、耳鼻咽喉科に行くことをすすめています。またアレルギー性鼻炎（鼻水・鼻づまり・くしゃみ）や、言葉が話しにくい、声がおかしい（音声・言語の異常）といった症状があるとき、耳・鼻・喉・頭頸《とうけい》部（顔から首の上）の感染症、腫瘍のようなできものといった異常があるときも対象になります。症状や病名別に検索もでき、前述の「子どものみみ・はな・のどの病気」というページもあるので、ブックマークに入れておくといいでしょう。

アレルギー性鼻炎などで鼻粘膜が腫れているときや、誤嚥《ごえん》したものが喉の奥にあると疑われるときは、ファイバースコープを使うことがあります。これは耳鼻科でしかできません。鼻や喉の奥の分泌物を吸い取る器具や、腫れを和らげる薬を噴霧する器具などは、耳鼻科の医療機関に備え付けられているものだからです。

滲出性中耳炎《しんしゅつせいちゅうじえん》の際に鼓膜《こまく》を切開したり、何度もくり返す場合に膿《うみ》を排出するための鼓膜換気チューブを留置したりといった処置をするのも、耳鼻科でしかできません。耳鼻科は、外科系なのです。よって喉の奥の最も上にある「アデノイド」が大きいときに手術で取るのも、耳鼻科の領域です。ほかにも、聴力・平衡覚などの感覚器の検査は、小児科では検査機器がないのでできません。耳鼻科に行きましょう。

一方で、耳・鼻・喉の症状でも、小児科にかかったほうがいい場合もあります。たとえば、採血が必要な場合です。子どもは、注射を使う際に怖がって暴れることがありますが、動かないように押えるのは慣れている看護師でないとむずかしいものです。

ほかにも、「ゼイゼイしていて咳もひどい」といったときには、小児科で胸の音を聞いてもらったほうがいいですね。小児科医は胸やお腹の音を聴いたり（聴診）、直接触ったり（触診）するのも慣れています。「熱があって咳と鼻水がひどいと思っていたら全身に発疹も出てきた」というときに、小児科なら「麻疹かもしれない」と疑います。鼻水や咳の出る感染症などの全身疾患を診てもらうのも、小児科のほうがいいでしょう。

また、同じ子どもといっても、離乳食を食べているような乳幼児と思春期くらいの学童では、指導内容がまったく違います。子どもの成長に関することは小児科医のほうが得意です。耳鼻科でも栄養指導をすることはあると思いますが、子どもの成長にそった栄養指導はやはり小児科のほうがいいでしょう。

耳鼻科、小児科のどちらにもできることはあります。耳鏡《じきょう》で鼓膜を診る、耳あかを取る、鼻水を吸う、口や鼻から吸入をする、副鼻腔《ふくびくう》などのレントゲン写真を撮る、花粉症やアレルギー性鼻炎の薬を処方する、点鼻薬を処方する、抗菌薬や解熱鎮痛薬を処方するといったことです。とはいえ、耳鼻科医・小児科医の中でもそれぞれに違いがあります。どちらにかかろうか迷っているなら、事前に直接聞いてみたほうがいいでしょう。

同じように迷うのが、発疹が出たとき。皮膚科がいいのか、小児科で診てもらうべきか。水いぼ、乳児湿疹、あせもは皮膚科でも小児科でも構いません。発疹だけでなく熱もあるときには、水ぼうそうや手足口病などが疑われますので、小児科がいいでしょう。

ただ多くの医療機関は午前9時から午後5～6時までが診療時間で、それ以外は時間外になります。夜間や休日に子どもの具合が悪くなったときは、どうすればいいのでしょう。

時間外診療や救急外来では、通常1人だけ、または必要最小限の数の医師しかいません。看護師や医療事務員も少なく、検査技師や薬剤師は呼ばないと来ない医療機関もあります。つまり、実施できる検査や処方できる薬が限られているということです。

それでも時間外診療や救急外来にかかったほうがいいのは、生後6か月未満のお子さんが37・5℃以上の熱を出したとき。その月齢の子が半日以上、いつもの半分しか母乳・ミルクを飲まないときも同様です。WHOは生後3か月未満といっていますが、私は念のために6か月未満とお伝えしています。熱が高くても元気でよく食べられていれば、様子をみても構いません。風邪の場合は早く受診したからといって、早く治るわけではないのです。風邪なのか、その他のもっと重い病気かわからないときには早めに受診しましょう。

診てもらった結果、ただの風邪ということはもちろんあります。けれども、月齢が小さければ小さいほど、重い病気なのに症状は熱しかない、あるいは母乳・ミルクを飲まないだけということがあるので、時間外でも連れていくべきなのです。

それよりも大きい子は、なんらかの症状がつらくて眠れないときに、時間外診療や救急外来を利用しましょう。たとえばゼイゼイがひどい、イヌが鳴くような変な咳をしている、どこかが痛い、何度もくり返し吐くなどです。

どの科に行けばいいのか、時間外診療や救急外来にかかったほうがいいのか……、迷ったら、24時間つながる「こども医療でんわ相談」（#8000）に電話する、または185ページで紹介した「こどもの救急」というサイトを見るのがおすすめです。

※1　日本耳鼻咽喉科学会「耳鼻咽喉科・頭頸部外科が扱う代表的な病気」http://www.jibika.or.jp/citizens/

「見つけておけば安心！頼れるかかりつけ医」

「行きつけのお店がある」と言われると大人だなぁと、いまだに思います。

今どきはネットに情報があふれているので、新しいお店を見つけるほうが簡単なのかもしれませんが、「ここぞというときに行きたいお店」「いつ行っても間違いなくおいしいお店」というのは安心感が違いますよね。お店の人と話しやすい間柄になると、ますます居心地がよくなることもあります。

これと同じにするのはおかしいかもしれませんが、病院や薬局も行きつけならぬ、かかりつけを見つけておいたほうが何かと助かります。

日頃から同じところで診てもらっていると、どんなメリットがあるでしょうか？

お子さんがいつもと違った感じで具合が悪そうだったり、耳慣れない病気であると診断されたりすると、保護者も動揺しますよね。小児科医である私でも自分の子のことになると慌ててしまうことが、これまでに何度もありました。そんなときに、お子さんの普段の健康状態やバックグラウンドを知っている医師に相談できると、安心ですよね。必要に応じて詳しい説明をしたり、検査をしたり、紹介状を書いたりしてくれます。

「かかりつけ医をどうやって見つけたらいいのかわからない」という声をよく聞きます。それこそ病院についてもネットで検索することはできますが、情報が多すぎて判断できなかったり情報の真偽がわからなかったりで、よけいに混乱してしまいそうです。

日本医師会では「健康に関することを何でも相談でき、必要な時は専門の医療機関を紹介してくれる身近にいて頼りになる医師のこと」をかかりつけ医と呼んでいます。[※1]

それを参考にしたうえで、私は子どものかかりつけ医を決めるためには以下の点が大事だと考えます。

① 距離的に近く、診療時間にかかりやすい

自宅、保育園や幼稚園、学校に近い、または曜日や時間の都合がいいといったことは、おそらく多くの人がよく確認することだと思います。1回だけの受診でなく先々もかかろうと思ったら、外せないポイントですね。さらに、「いつもの風邪症状だったらここ」「夜間や休日だったらここ」と決めておくと、いざというときに慌てないで済むでしょう。

② クリニック（診療所）や中小の病院

持病などの特別な事情がなければ、大病院ではなく、通いやすいクリニック（診療所）、または中小の病院をかかりつけにしましょう。クリニックとは入院設備がないか19床以下の医療機関、中小の病院とは入院設備が20床以上の小〜中規模の医療機関のことです。

「小さな病院や診療所だと不安だから、大病院をかかりつけにしたい」と言う人もいるかもしれませんが、そうしたところは紹介状が必要です。特定機能病院と呼ばれる病院や病床数が500を超える地域の病院を紹介状なしで受診すると、初診時に5000円以上を支払う決まりがあります。

「えっ、お金をとられるの？」と意外に思われた方もいるかもしれませんが、これは必要なことなのです。大きな病院や高度先進医療を行う特定機能病院に、人員や設備がそれほど必要ではない軽い疾患の患者さんが集まってしまうと、重い疾患のある患者さんにも医療者にもよくありません。

医療者の仕事量が増え、患者さんの待ち時間も長くなり、1人あたりの診察時間が減ります。そして、より速やかに診療を受けないといけない、むずかしい病気やめずらしい病気を持った人への対応が遅れます。ですから、必要な場合は、紹介状をもらって行くという方法をとることになっています。

③　病状の説明がわかりやすく質問しやすい

①と②が物理的な距離なら、こちらは心理的な距離です。

保護者の方が「こんなことを聞いたら怒られるかもしれない」「本当のことは話せない」などと何かと遠慮してしまう医師は、かかりつけ医に向いていません。

なかなか治らないときに別のクリニックや病院にいくつもかかるという人がいますが、本来なら最初にかかったところに「もらっている薬ではよくならない」「こんなに体調不良が続くのはなぜでしょう？」と聞けるといいのです。別の医療機関に行っても同じ検査や治療をするしかない、ということもあるでしょう。あちこちの医療機関を受診し、いちいち最初から説明するとなると、二度手間、三度手間になるので、調子の悪いお子さんはもちろん、保護者も疲れてしまいます。

④　小児科専門医である

子どものことは、できれば小児を専門にしている医師に診てもらいたいですよね。

小児科の専門的な勉強と経験を積み、日本小児科学会の試験を受けて認められた医師が「小児科専門医」です。病気をしたときの診察はもちろんですが、乳幼児健診も子どもの成長と発達をよく知っている専門医にしてもらったほうがいいでしょう。予防接種も、ときどき種類が増えたり、推奨スケジュールや制度などが変更されたりもしますし、接種し忘れないためにも専門医が安心ですね。

そのクリニックが何科を専門としているかを看板や掲示などでお知らせすることを「標《ひょう》榜《ぼう》する」といいますが、「内科／小児科」と「小児科／内科」とでは、どちらを標榜しているほうをかかりつけに選びますか？

複数の医師が在籍するところであれば、内科と小児科と両方の医師がいるのかもしれません。でも、「内科／小児科」と標榜していて医師が1人なら、ほとんどの場合は内科医が小児科も診ます。反対に「小児科／内科」と標榜していて医師が1人なら、小児科専門医が内科も診るということになります。

小学生以上の大きな子どもは「内科／小児科」のクリニックをかかりつけにしてもいいと思いますが、未就学児、特に1歳未満の乳児は「小児科」または「小児科／内科」を標榜している診療所で診てもらったほうがいいと思います。

さらに「内科・外科・小児科・皮膚科」などのように、いくつもの診療科が併記されているところでは、その医師の専門はいちばん初めに書いてあるものだと思ってください。だから、「〇〇科、〇〇科、小児科」と書いてあったら、そのクリニックの医師は小児科専門医ではない可能性が高いということです。

⑤ 適切なタイミングで、必要な医療機関を紹介してくれる

子どもの場合、内科だけでなく、皮膚科や耳鼻科などに関連する病気にもよくかかります。それらの専門医でなくとも、ひとまず子どものことならなんでも相談できるといいですね。自分の専門分野でない患者さんが受診したり、そこの医療機関で検査や治療ができなかったりという場合は、速やかに別の医療機関を紹介してくれるところなら、安心して通えると思います。

ここまで挙げてきたポイントのほかにも、予防接種や健診を受けに行きたいけれど感染症をもらいたくないという理由で、「感染症予防のために待合室が別にある」「予防接種や健診の時間が診療と分けて設けられている」といったポイントで選ぶのもいいでしょう。麻疹、風疹などのお子さんは隔離室で待っていてもらいますが、一般的に小児科は風邪で受診する子を隔離することはありません。熱があって来た子と、予防接種や乳幼児健診のために来院した子とが別々に待つスペースがあればいいのですが、なかなかそうもいきません。だから、予防接種外来や乳幼児健診の曜日や時間を決めて予約制にしている小児科が多いのです。

受付の人や看護師、医療機関の建物など、全体を見てかかりつけを決める場合もありま

すよね。子どもが遊べるキッズスペースを用意しているところもありますが、待ち時間を過ごせていいという人もいれば、待っているあいだに咳こんでいる子、熱のある子と隣り合わせでいたくないという人もいます。医療機関にある絵本やおもちゃには触れさせたくないという声も聞きます。

また、保育園や幼稚園の〝園医さん〟、保健センターや保健所で乳幼児健診をする医師を候補にするのもいいでしょう。園医は一般的に保育園・幼稚園の近くの小児科医か内科医、乳幼児健診は市区町村の医師会に入っている小児科医が行います。どちらも、自分で検索する場合とはまた違う医師に会うことができます。

子どもが小さなうちは、予防接種や乳幼児健診のために医療機関に行くことが多いでしょう。そんなときこそ、かかりつけ医を見つけるチャンスです。医療機関を途中で変えてはいけないと思っている方がいますが、そんなことはありません。先ほどの5つのポイントを頭の片隅に置きながら、自分なりのポイントをおさえ、総合的に考えてかかりつけ医を決めましょう。

※1　日本医師会『「かかりつけ医」を持ちましょう』https://www.med.or.jp/people/kakari/pdf

「小児科での〝聞き忘れ〟、どうしたらなくせる？」

知り合いの女性が、よく自分の手を〝メモ帳〟にしています。子育て中のお母さんでもある彼女は、忘れてはいけない用事があると「自分の手なら必ず目に入るから」という理由で、ボールペンで手にメモするのです。それはそれでほほ笑ましい光景だと思って見ていましたが、本人曰く「それでも忘れるときは忘れる……」のだそうです。

小児科を受診するときの保護者は、心身ともに慌ただしい状況にあると思います。仕事や家事の合間に、具合が悪いお子さんを病院に連れてくるわけで、冬でも汗だくになっている保護者もよく見かけます。そのうえ小児科外来はだいたい混雑しているために気が急いたり、慣れない医師とのやりとりに緊張したり、子どもが泣いたり暴れたりして落ち着けなかったりして、伝えるべきことを伝えられずに帰ってしまう方も多いようです。

その結果、帰宅してから「お風呂に入っていいか聞けばよかった」と思ったり、「処方してもらった抗菌薬（抗生剤）でいつも下痢をするから、違う薬にしてもらえばよかった」と気づいたり……。

医師は、保護者からお子さんの普段の様子を聞いて、それを参考にしながら診断をしたり薬を出したりするので、診察時に正確に伝えるということは、お互いにとってとても大事なことです。こうして本を読んで、あらかじめどんなことを伝えればいいのかを頭に入れて、必要なことを伝えられるようになりましょう。

病院はどんな科でも、月曜日と土曜日に外来が混雑します。小児科は、その中でも朝一番と夕方が特に混みます。受診してから登園・登校したり、帰りに受診したりする人が多いからです。秋以降は風邪も増え、インフルエンザワクチンの予防接種も始まるので夕方はさらに増えます。じっくり相談したいときは、可能なら混雑する曜日、時間帯を避けましょう。もちろん心配なことがあって急ぐ際には、いつ受診しても構いません。

病気ではないきょうだいを連れていくのは、もちろん構いません。小児科の多くには、小さなお子さんを一時的に寝かせておくベッドやキッズスペースがありますし、予防接種のときに保護者が子どもを押えないといけない場合、スタッフがきょうだいをみてくれることも多いでしょう。

お子さんの服装は、胸やお腹、背中を聴診するときに衣服をまくってもらうことがありますから、まくりあげやすい服が望ましいです。ワンピースやオールインワン（ロンパース）は全部脱がせないと診られないことがありますので前開きのものを。できたら上下が分かれている服がいいですね。診察がスムーズに運びます。

予防接種のときや採血をするかもしれないときは、腕まくりをしにくい、ぴったりした服は避けたほうがいいでしょう。先日クリニックに来た子は、スポーツ用のピチピチした長袖Tシャツを着ていたので、袖を手首からまくりあげようとしたらうっ血してしまいました。サイズ的に余裕がある服がベターです。

そして、小児科へ行ったら、次のような内容や順番でお子さんの状態を言えるようにしておきましょう。

まず、間違いがあるといけないので、小児科の外来ではお子さんの氏名、性別、年齢を確認します。予防接種の際などは何度も確認されるかもしれませんが、どうか面倒だと思わないでください。ほかの子に用意されていたワクチンを打ってしまったら大変なので、省略せずに答えるようにしましょう。

そして、何がいちばんつらくて受診したのかという「主訴《しゅそ》」を医師に伝えます。

たとえば「昨日の昼間から咳がひどくて、夜は眠れなかった様子です」「3日前からうんちがゆるくて、オムツかぶれがひどいんです」といったことです。

「○日前から」「○月○日から」などと具体的に伝えましょう。たとえば「旅行中は元気だったのですが、帰ってきたら具合が悪くなって」といった伝え方だと、医師はいつから始まって、どのくらい続いている症状なのかわかりません。だいたいでもいいので「いつから」を教えていただきたいのです。

正しい診断には、普段と受診したときの様子がどう違うのかも参考になります。2歳くらいまでは、特に体調が悪くなくても毎晩何回も目を覚ます子がいます。「いつもは1、2回しか起きないのに、昨日は眠りが浅くて4、5回起きました」など、普段とは違うところがあれば医師に伝えます。「些細なことだから」「きっと体調不良とは関係ない」と遠慮する必要はありません。むしろ、正確な診断のための助けになります。「普段の食事量と比べて半分以下しか食べなかった」「以前は熱があっても遊んでいたけれど、今日はぐったりしていて遊ばない」などという、保護者でないとわからないことが大事なのです。

それから、家庭や保育園・幼稚園、学校など、周囲で流行っている病気があったら教えてください。問診では典型的な症状が揃っていなかったけど、保育園で流行っているということで念のために検査をしたら溶連菌《ようれんきん》感染症だった、ということもあります。

共働き世帯が増えて専業主婦世帯のおよそ倍になっている昨今、お子さんの面倒をお父さんがみていて、バトンタッチしたお母さんがクリニックに連れてくることもあります。もちろん、その逆もあります。おばあちゃん、おじいちゃん、ベビーシッターさんに連れられて、お子さんがクリニックを受診することもあります。そうすると「日頃の様子」や「いつ症状が出始めたか」をあまり知らないという可能性も出てきます。

また診察室に入ると、緊張して話しづらい、聞きたいことが聞けないというお母さんやお父さんもいますし、上の子や下の子がいて診察中も目が離せないとなると、何をどこまで話したかも忘れてしまうものです。

そこで、オリジナルの予診票を作りました。次ページにあるのと同じものが無料でダウンロードできます。[※1] 使い方は簡単。ダウンロードのうえプリントアウトし、太枠内を記入して、コピーしておきます。体重は変わるので、その都度書くようにしましょう。わからない場合は、小児科で計ることができます。最後に聞きたいことをメモしておくといいでしょう。たとえば、お風呂に入れていいかどうかとか、ついでに予防接種の時期を確認したいとか、そういうことです。

これを使えば、きっと伝え忘れや聞き忘れも防げますし、看病を引き継いだり、誰かにクリニックに行ってもらったりするときも安心です。

予診票（家庭用）

氏名	ふりがな	性別	男・女	生年月日	年　月　日	体重	kg

● 持病の有無　有・無（持病とは、心臓疾患やアレルギーなどの慢性的な病気のこと）
→（病名　　　　）

● 主訴（今、いちばん困っていること。例えば、喘息で咳が止まらないなど）

● 発熱の有無　有・無
→ ①いつから？　月　日　朝・昼・夕・夜
②最高体温は？　℃　③受診直前の体温は？　℃

● いつもと違うところ（☑をつける/複数回答可）

- □食欲がない　□よく眠れていない　□表情が乏しい
- □だるそうにしている　□元気に活動できない　□その他（　　　）

● 周囲で流行している病気（☑をつける/複数回答可）

- □風邪　□インフルエンザ　□RSウイルス　□その他（　　　）
- □ノロウイルス　□ロタウイルス　□おたふく風邪
- □みずぼうそう　□溶連菌　□手足口病
- □プール熱　□ヘルパンギーナ　□りんご病

● 薬の希望

回数　1日＿回　形状（☑をつける）

- □シロップ薬　□錠剤　□坐薬　□ローション　□クリーム
- □粉薬　□カプセル　□テープ薬　□軟膏　□湿布薬
- □水なしで飲める薬（OD錠など）　□点鼻薬　□その他（　　　）
- □点眼薬

● 聞いておきたいこと

予防接種のために受診するときも、専用の予診票をあらかじめ記入しておくと時間短縮になります。お子さんが1歳になるまでは、受けるワクチンの数が多く、ほとんどの方が同時接種をしています。医療機関に到着してから何枚もの予診票を全部書くのは、思っているより大変な作業です。複数のお子さんを連れての受診であれば落ち着いて記入するのはむずかしいですし、目を離したすきにお子さんが用紙にいたずら書きをしたり、破ったりすることもあります。接種前の体温は医療機関に着いてから計るようにいわれることもありますが、それ以外は家で書いておくとラクちんです。

定期接種の予診票の入手方法は、時期や地域によって違います。私の場合、長女の接種では出生届を出したときに1冊にまとまった予診票をもらいましたが、別の自治体に引っ越した次女のときには接種時期になると郵送されてきました。

任意接種の予診票は小児科にありますから、あらかじめもらっておけば、記入済みのものを持って受診できます。ウェブサイトから予診票をダウンロードできる医療機関もあるので探してみるといいでしょう。

※1　NAIGAI SHOP『小児科医ママの子どもの病気とホームケアBOOK』http://www.naigai-shop.com/SHOP/731817.html

「くり返し風邪をひいても心配しすぎないで」

毎年、新年度が始まる頃、小児科の外来はちょっと空きます。進学や進級にともない、お子さんたちも緊張感を持って新しい環境に臨んでいるのでしょう。しかし、だんだんと慣れてくるにつれて疲れが出てきます。5月の大型連休が終わる頃になると、風邪が流行ったりお休みしたりする子が出てきます。保護者のみなさんは連休明けに「くるぞ〜」と、心の準備をしておくとよいかもしれません。

もっと下の年齢、初めて保育園に入ったという小さい子は、少し事情が違います。毎月といわず、毎週のように体調を崩します。なぜでしょうか。

赤ちゃんは生まれてくるときにお母さんから免疫をある程度もらっているので、生後しばらくはお母さんがかかったことのある病気にはかからないことが多いのです。もちろん、すべてではありません。水ぼうそうなどの抗体が胎盤を通りにくい病気は別です。お母さんがかかったことがあっても、感染者との接触があれば発症することも多いです。

この免疫は徐々に減っていき、生後6か月になるとほぼゼロになります。だから、それ以降、自分の免疫機能が未熟な乳幼児は頻繁に感染症にかかるようになるのです。特に小さなうちは、あまりにくり返し感染症にかかるので、「もしかして体が弱いのかも」と心配になるかもしれませんが大丈夫。普通のことです。何度もくり返し感染症にかかることで、ウイルスや細菌に対する抗体を少しずつ獲得し、強くなっていきます。

子どもがかかる感染症でいちばん多いのは上気道炎《じょうきどうえん》、つまりは風邪です。鼻や喉の粘膜にウイルスや細菌が感染することで起こります。

子どもが風邪をひくと、自分のせいだと思う保護者は多いものです。特にお母さんは、「私が寒い思いをさせたから」「私が保育園に預けたから」「私がずっとそばにいてあげなかったから」と言うことがありますが、そうではありません。

つい自分を責めてしまう気持ちはわかりますが、子どもの風邪は保護者の怠慢のせいではなく、ウイルスや細菌のせいです。たとえ寒くても、ウイルスや細菌がなければ風邪はひきませんし、暖かい家の中にいてもウイルスや細菌があれば風邪をひくかもしれません。子どもに関するあらゆる不都合に、責任を感じる必要はないのです。これは私が、子どもが小さかった頃の自分にかけてあげたい言葉でもあります。

風邪をひいたときは、とにかく安静にして、ゆっくり休むのがいちばん。つらい症状がある場合、風邪かどうかがわからない場合は小児科を受診する必要がありますが、受診すれば早く治るというものではありません。

家庭でできるケアといえば、ひとつは鼻水をとることです。

そもそも鼻水とは、いったいなんでしょうか？　ウイルスや細菌は体の中に入ろうとしますが、体としてはやっぱり入れたくないものです。そこで体外に追い出そうとして鼻水を出すのです。鼻水には、水のようにサラサラした透明の「水様性鼻汁《すいようせいびじゅう》」と、黄色や緑色でドロドロの「膿性鼻汁《のうせいびじゅう》」に分類できます。膿性鼻汁には、ウイルスや細菌と戦って壊れた白血球や、ウイルス、細菌の死がいが混ざっています。この鼻水をそのままにしておくと、炎症が長引くため、できるだけ小マメにとったほうがいいのです。

すると、よく保護者の方から「何歳から鼻をかめるものですか？」「鼻をまだかめないうちは、吸ってあげたほうがいいのでしょうか？」といった質問をされます。

私は外来で、患者さんであるお子さんに「鼻をかめる？」と尋ねることがよくあります。あくまで私の経験上ですが、多くの子は5歳くらいになると自分でティッシュペーパーに鼻水を勢いよく出せるようになるようです。ただ個人差が大きく、2歳でも上手に鼻をかめる子もいますし、小学校に上がる頃にやっとコツをつかむ子もいます。

子どもに鼻をかむことを教えるのは案外むずかしいもので、「フンッってやってごらん」とティッシュペーパーを鼻に当ててかませようとしても、口で「フンッ！」というだけで鼻からは鼻水も息も出てこないことがあります。大人が拭いてあげてもいいのですが、たいていの子は鼻を触られることさえ嫌がりますね。上から押さえられる感覚が苦手なのかもしれません。可能であれば、眉間のほうから鼻の穴に向かって両側から鼻を押さえて鼻水を押し出したいものですが、まあむずかしいですよね。

それが無理なら、せめて拭き取りましょう。ティッシュペーパーを縦4つに細長く折り、手前が長くなるよう手にかけて、子どもの鼻の下に当てます。そうして子ども側のティッシュを下から引っ張るとネバネバの鼻水を線のようにして取り去ることができます。

鼻血が出たときのように、ティッシュペーパーをちぎって片方の鼻に詰める方法もあります。2つ折りにしたティッシュペーパーを詰めていないほうの鼻の穴に当て、「それが外に飛び出るようにフンッってしてごらん」というと、詰めたティッシュが鼻水ごと出てきて成功することもあります。

そんな説明がまだわからないくらい小さい子の場合、鼻水が水のように流れたりする場合は、親がとってあげたほうがいいでしょう。

昔は、保護者が子どもの鼻に口をつけ、鼻水を吸いだすことがありました。でも、風邪がうつってしまいかねませんし、衛生的でもありませんから、鼻吸い器を使いましょう。

今はドラッグストアやインターネット上のショップに、スポイト型やストロー型に加え、電動型まで、さまざまな種類の鼻水吸い器が売っています。外来で質問すると、みなさんいろいろなタイプを持っていたり、複数のタイプを使い分けたりしています。値段が高ければいいとも限らないようです。ご自分とお子さんが使いやすいものにしましょう。

鼻水を吸ったあと、お子さんの鼻から血が出ていることもあります。鼻や喉で炎症が起きると擦れたりしたときに出血しやすいですが、すぐに止まれば問題ありません。

このほか咳を鎮める「鎮咳薬《ちんがいやく》」は、あまり効果があるとは言いがたい薬です。一方で、ハチミツには咳を鎮める効果があるという研究もあります。研究者、専門家、患者、介護者および健康に関心のある個人が集まった国際ネットワーク「コクラン」には、いくつもの論文をまとめた「システマティックレビュー」がありますが、そこに、ハチミツを治療に使った群は、ある抗ヒスタミン薬を飲ませた群、プラセボを使った群よりも咳が改善したという調査結果があります。[※1] そして鎮咳のためのある処方薬と同じくらい、咳の持続時間を減らしました。つまり、急性期の咳には効く可能性があります。ただし、3日以上続く場合にはプラセボと変わりがなくなりました。

なお、143ページでお話しした通り、1歳未満の子には乳児ボツリヌス症のリスクがあるため、ハチミツを与えないようにしましょう。

ほかに、子どもが風邪のときは、どんな看病ができるでしょう。「何をしていいのかわからない」などと相談されることがよくあります。

あらためて考えてみると「これが看病ですよ」というマニュアルはありません。お子さんごと、家庭ごとにいろいろなやり方があると思いますが、基本は患者さんが求めるものを速やかにあげて、よく休んでもらえば大丈夫です。

たとえば、子どもが「お水がほしい」などと訴えてきたらすぐに与え、安静を保てるように寝かせてあげます。衣服や室温をほどよくし、食べさせるものはお腹を壊していなければなんでも構いません。食べたがらない、飲みたがらない子でも、冷たいものなら少し飲んでくれるかもしれません。子どもが食べないと、とても心配になるかもしれません。でも、ほんの数日なら、水分さえ摂れていれば大丈夫ですから、無理をさせず、好きなものだけ食べさせましょう。

※1　Oduwole O et al., Cochrane Database Syst Rev. 2018 Apr 10

「急に発熱したときも、慌てず対処するために」

ひとり暮らしが長い友人は常々、「自分のペースで生活できて快適」と思う一方で、急に高熱が出たときは「誰かに看病してほしい」と思うと話しています。熱が出て朦朧《もうろう》としているときは、大人でも心細いものですよね。子どもなら、なおさらでしょう。

そんな熱ですが、医学的には体温が上がる状態を表す言葉がふたつあります。

〇発熱……脳にある体温中枢が必要性を察知して、体温を上昇させること

〇うつ熱……熱中症のときのように体温の放散がうまくできない場合の、脳が関与しない体温上昇のこと

子どもはしょっちゅう熱を出しますが、その多くは発熱です。

私たちの体に、人にとって有害なウイルスや細菌、真菌などが入ってくると、免疫細胞(単

球、マクロファージ、血管内皮細胞など）が反応して伝達物質を出します。その伝達物質が体温中枢に伝わり、寒気がして筋肉が震え、体内での熱産生量を増やします。大人なら「悪寒がする」と言って、熱が上がる前ぶれだとわかる状態です。

次に、体温を下げてしまう汗を出さないようにし、手足の末梢の血管を収縮させて熱の放散を減らします。体の中心部分は熱いのに手足の色が悪くなったり冷たくなったりするのは、このためです。「体が熱いのにぜんぜん汗をかかない」と不安になるかもしれませんが大丈夫。体温中枢が「まだ熱を高くする必要がある」と感じているから、汗を減らしているだけです。

こうして熱が高くなるのには理由があります。それは私たちの免疫機能が高い体温でよりよく働くからです。反対に、風邪や感染症などの原因となるウイルスは、高温の環境では増殖しにくいのです。よって体温が高い状態は、私たちにとっては有利、侵入者にとっては不利になります。麻疹にかかった子どもに対して解熱剤を投与すると、ウイルスにとって有利な環境となるので、体内の麻疹ウイルスが減っていくのが遅れるということが知られています。熱を下げると病気が治りにくくなるのですね。

以上のような理由で、病気のときに必ずしも熱を下げる必要はありません。最近は、だいぶん知られてきたように思いますが、かつては熱いお風呂に入らせたり、布団を何枚も重ねたりして汗をたくさんかかせて熱を下げるのがいいと思われていました。しかし、汗が出るのは熱が下がった結果であって、汗をかけば熱が下がるわけではありません。

それでも子どもが高熱であえいでいると、不安になるものです。

高熱のお子さんを連れて「40℃になってしまいました」と慌てて外来を受診したり、「熱ってこんなに下がらないものでしょうか？」と毎日のように診療所や病院を替えて通ったりする保護者もいます。

また、「熱が高くなると、子どもの頭がおかしくなる」と心配する保護者の声も聞きます。でも、安心してください。風邪で体温が上がりすぎて、頭や体がおかしくなることはありません。ヒトの体温の上限は、41℃までといわれています。41・1〜43・3℃は人体にとって有害とされていますが、41℃以上にはならないメカニズムがあるのです。

「高熱により脳に影響が出た」という話を聞いたことがあるとしたら、それは熱が悪さをしたのではなく、ウイルスや細菌が原因です。髄膜炎や脳炎、脳症といった病態になって中枢神経に影響が及び、後遺症を残したと考えられます。風邪で高熱の子どもを病院に連れていかなかったために発症するわけではなく、別の病気です。熱以外にも、突然けいれんする、意識障害を起こすなど、様子がおかしいときは早急に受診しましょう。

ただ、高熱が出ている状態は、子どもにとってラクなものではありません。熱が上がると体力を消耗します。特に小さいお子さんほど、ぐったりするでしょう。熱が上がりきる前に寒気がしているようなら温めてあげてください。けれども顔が赤くなって暑がるようになったら、少し涼しくさせましょう。

解熱剤を使う目安は、熱が38・5℃以上で、お子さんが熱や頭痛や関節痛などでつらいときです。38・5℃以上あっても元気なら使いません。逆に38・5℃以下でも、つらそうな場合には使っても構いません。解熱剤のせいで平熱よりも体温が下がることはありません。

解熱剤にはいろいろな種類がありますが、まず子どもに使うのは一般名でアセトアミノフェン（商品名：カロナール、小児用バファリンなど）です。そのほかの解熱剤は、ライ症候群やインフルエンザ脳症と関連があるのではないかと考えられているからです。大人用のロキソニンやボルタレンなどは、医師の指示なしに使わないようにしましょう。

くり返し熱を出すお子さんも、大きくなるとその頻度は減っていきます。

小児科外来で「あの子は最近、顔を見せないな」と思った頃には、だいたい小学校にあがっています。子どもは風邪をひきながら、成長していくものです。今は大変でも、日々成長していますから、がんばって乗り切ってくださいね。

「子どもの嘔吐下痢症は、とても身近な病気です」

「はい、風邪ですね」とクリニックなどで言われるとホッとする人がいます。「重大な病気じゃないよ」という意味だと受け取れるからですね。

風邪というのは非常によく使われる言葉ですが、実際に何を指しているのかわかりにくいところがあります。医師によってもニュアンスは違うことがありますが、私は「鼻水が出たり鼻が詰まったりするウイルスによる病気で、熱はないか、あっても38・5℃より低いもの」を風邪としてお伝えしています。

一方で、「お腹の風邪ですね」と言われることもあります。これは医学用語では「急性胃腸炎」のことで、ウイルスや細菌が消化管に入って炎症を起こすことで胃や腸の動きが悪くなり、お腹が張ったり、気持ちが悪くなって吐いたり、下痢をしたりする状態のことをいいます。熱があるときも、ないときもあります。

「鼻水が出ていないのに風邪なの？」と思われるかもしれませんが、「お子さんは急性胃腸炎です」というと重大な病気だと思われるかもしれないので、「お腹の風邪」と伝える医師もいるということです。症状に着目して「嘔吐下痢症」と呼ぶ場合もあります。

子どもは自分の不調をはっきりと言語化して身近な人に伝えることができず、不機嫌な態度として表すことがあります。「なんだかご機嫌斜めだなぁ」と思っていたら、急に吐いてしまった場合、どうしたらいいでしょうか。

月齢が小さい赤ちゃんならゲップが出ない状態が続いたあとに吐く、大きい赤ちゃんならハイハイした拍子に吐くなど、乳児はちょっとしたことで簡単に吐きます。1回だけなら気にしないようにしましょう。

一方、何度かの嘔吐と下痢（発熱や腹痛があることとも）があって、40℃以上の発熱や血便がなければ、おおむねウイルス性の急性胃腸炎だと思っていいでしょう。

外来で保護者から「保育園で『感染性のものかどうか診てもらってください』と言われました」と聞くことがありますが、お腹の風邪は基本的に感染性です。咳や鼻水といった普通の風邪がうつるのと同じく、人から人へとうつります。ウイルスが特定できれば、ノロウイルス感染症、ロタウイルス感染症などと病名がつく場合があります。

ノロとロタは子どもにとって身近な病気なので、順にみていきましょう。

《ノロウイルス》

毎年のように集団感染がニュースになることからもわかるとおり、感染力がとても強いのが特徴です。冬から5月頃までみられ、12～1月が発生件数のピークです。

症状は主に嘔吐・下痢で、回数が多くて1日に10回以上ということもあり、とてもつらいものです。腹痛、頭痛、あまり高くない発熱が見られることもあります。脱水になりやすく、乳幼児は重症化しやすいので、より注意が必要です。合併症としてけいれん、脳症、腎症、イレウス（腸閉塞）、などの危険性があります。

感染から症状が出るまでの潜伏期間は24～48時間ですが、12時間くらいで発症する例もあります。便にウイルスが含まれていないかを検査する迅速診断キットがありますが、保険診療なのは3歳未満の子どもと65歳以上の高齢者のみ。それ以外の年齢は自費での検査になります。対症療法しかないことから、検査をせずに診断をする場合もあります。

ノロウイルスは、手指のほか、手指が汚染されている人が扱った食品、汚染された牡蠣などの二枚貝を生や加熱が不十分な状態で食べたときに感染します。ですから、調理前、食事前、トイレのあとに、しっかり手を洗います。指輪をしていたら外して、石けんをしっかり泡立ててよく洗い、流水でウイルスを流しましょう。またノロウイルスは熱に弱いので、食中毒を防ぐためにも食品を十分に加熱して食べましょう。85～90℃の熱で90秒以上、中心部分に届くまで加熱するとウイルスが死ぬといわれています。

感染者の看病、汚物の処理をしたあとも要注意です。嘔吐物や糞便がついた手で触れたドアノブを、ほかの人が触れることで感染することもあります。嘔吐物が飛び散ったときにウイルスが広がって埃に付着し、舞い上がった埃を触れたり吸ったりしても感染します。汚物処理の際は、使い捨ての手袋とマスクをし、床などが汚れてしまった場合は次亜塩素酸（市販の塩素系漂白剤）を使って掃除しましょう。

《ロタウイルス》

ノロウイルスと同様に感染力が強いのが特徴ですが、患者の多くは乳幼児です。1月頃から感染者が増え始めて、ノロウイルスが下火になる3～5月頃にピークを迎えます。

便にウイルスが含まれているかどうかを調べる迅速診断キットは保険適応ですが、置いていない医療機関もあります。下痢や嘔吐の頻度、脱水を起こしているかどうかなどの症状を診てから、血液検査をすることもあるでしょう。

口からウイルスが入ることで感染し、潜伏期間は24～48時間。発症したばかりのときだけ白い便が出ることがあります。発症後は嘔吐と下痢をくり返し、発熱、腹痛、脱水を起こすこともあり、多くはおよそ1週間後に回復します。

ただし、生後6か月から2歳までの子が初めて感染したときに重症化しやすいことで知られ、まれにけいれんや脳症といった合併症も起こります。ロタウイルスによる脳症は、インフルエンザ脳症、HHV（ヒューマンヘルペスウイルス）6、7型による脳症の次に多く、死亡例は10％未満ですが、38％に後遺症を残したという報告もあります。

だからこそ、予防を心がけたいところです。ノロウイルスと同じく感染経路を断つことが大事ですが、ロタウイルスにはワクチンがあります。ロタウイルスワクチンは口から飲む経口ワクチンで、2回接種するもの、3回接種するものの2種類がありますが、いずれも1回目を生後15週までに開始することが推奨されています。

2020年秋から定期接種になりますが、これまで長らく任意接種であったために受けなくていいと思っている人がいたり、小児科医でも「ありふれた病気だからワクチンは必要ない」と言う人をネット記事などで見かけたりすることがあります。たしかに、ありふれた感染症で、日本では就学までに約半数の子がロタウイルス感染症のために外来を受診します。しかし、重症化したときのことを考えると「必要ない」とは言えません。5歳以下の子どもがかかると15人に1人が入院するという、大変リスクの高い感染症です。

ありふれた感染症であるがゆえに、ワクチンが普及してからは感染する子が減り、救急外来受診数や入院数も激減しました。つまり、お腹が痛くなったりして苦しむ子が激減したのです。ワクチンは苦しむ子どもも減らすと同時に、看病しながら嘔吐や下痢の後始末で大変な思いをする保護者の苦労も減らします。さらに医療費の削減にもつながっています。ロタウイルス感染症は衛生状態のよい先進国でも、よくない途上国でも平等にかかるものなので、費用対効果が高いワクチンといわれています。世界の100か国以上で実施され、特に先進国など20か国以上で定期予防接種です。

ただし、予防策をとっていても感染するときはします。医療機関を受診しても原因となったウイルスや細菌を特定できるとは限りませんし、たとえノロウイルスやロタウイルスと特定されても、抗ウイルス薬はないので、自然治癒を待つしかありません。

お腹の風邪の際に医師が薬を出してくれないことを不満に思う人がいます。お子さんが苦しそうだと、せめて吐き気止め、下痢止めだけでも出してほしいと思うものですよね。しかし、吐き気止めや下痢止めの薬は効果がありませんし、生後6か月未満には絶対に使ってはいけないことになっています。2歳未満にも原則禁止です。そういった薬はお腹の動きを止めてイレウス（腸閉塞）を起こしてしまう危険性があります。抗菌薬（抗生物質）も、お腹の風邪は多くがウイルス性なので効果がなく、推奨されません。細菌性胃腸炎の場合でも、多くは抗菌薬を使う必要がありません。

胃腸炎の治療は、脱水の予防と改善が中心です。下痢や嘔吐をくり返すと、水分を喪失しますから、脱水を予防するために小マメに水分補給をしましょう。外来でよく「母乳やミルクをあげていいですか？」と聞かれますが、母乳はいつも通りに飲ませて構いませんし、ミルクも希釈せずに普通の濃さで欲しがるだけあげてください。乳糖を除去した治療用ミルクでなくて構いません。幼児以上なら水やお茶を与えてください。

脱水の目安ですが、軽症から中等度では喉が渇くだけでなく眼がくぼみ、ぐったりしたり、逆に落ち着きがなくなったりします。涙が減る、口の中が乾く、手足が冷たくなることもあります。いちばんわかりやすいのはお腹の皮膚です。健康な子はお腹の皮膚をつまむとすぐに元に戻りますが、中等度の脱水の場合はお腹のシワが戻るのに少し時間がかかり、重度の脱水だと2秒以上かかります。どれにも当てはまらず元気があれば、すぐに医療機関に行かなくてもいいでしょう。

中等度以下の脱水の場合には、点滴と同じくらいに効果がある経口補水液（ＯＳ－１など）を飲ませましょう。「小児急性胃腸炎診療ガイドライン ２０１７年度版」には「脱水のない、もしくは中等度以下の脱水あるいは小児急性胃腸炎に対する初期治療として、経口補水療法は推奨される」「吐いていても５㎖程度を５分ごとに与えるように」とあります。５㎖はティースプーン１杯、またはペットボトルのキャップ３分の４程度の量です。ＯＳ

−1の味を嫌がる場合は、りんごジュースを水で2倍に薄めたものを与えると、軽症の胃腸炎なら、点滴をしたときと同じくらい入院を防ぐ効果があるといわれています。[※1] 手軽にできるホームケアなので、試してみましょう。

ある程度、吐き気や下痢がおさまって食欲が出てきたら、食べ慣れたものを早くからあげます。離乳食から普通の食事に進んだ子に、わざわざお粥をあげる必要はありません。水分しかあげないで食事するのを控えていると、かえって腸管の機能回復が遅くなることがわかっています。念のため脂肪の多い食事は避けたほうがいいといわれていますが、医学的根拠は十分ではありません。下痢がひどくなることがある糖分の多い飲料のみは避けて、基本的には欲しがるものを食べさせてあげてください。飲めない、食べられない場合は、医療機関で点滴したり入院したりする場合もあります。

お腹が痛いときには、温めると少しラクになるようです。温めた濡れタオルをビニールに入れてお腹に当てるとか、使い捨てカイロや湯たんぽをタオルで包んで当てるなどしてみてください。お子さんの気持ちも、ほっと安らぐと思いますよ。

※1　Hartman S et al., Am Fam Physician. 2019 Feb 1; 99(3)

「子どもが便秘のときに家でしてあげられること」

「うちの子、便秘がひどくて、3日以上うんちが出ないことも多いんです。近所の人に話したら、母乳をあげている私が食物繊維不足だからだと言われたのですが、本当なのでしょうか？」と外来で相談されたことがあります。

子どもの便秘に悩む人は意外と多いので、やはり変なウワサがたくさんあります。

「母乳育児中のお母さんが食物繊維や水分不足だと便秘になる」という説はよく耳にしますが、とても不思議な話です。お母さんが食物繊維を摂っても、母乳から食物繊維は出ないので関係ありません。そして、お母さんが水分をたくさん摂ったからといって、母乳中の水分量が増えるわけではありません。もうおわかりだと思いますが、お母さんが便秘薬を飲んでも、子どもの便秘に影響はありません。

「ミルクだから便秘になる」という説もありますが、同様に根拠のないデマだと断言できます。たしかにミルクしか飲まない子よりも母乳を飲んでいる子のほうが、うんちがよく出る傾向はありますが、完母でも完ミでも同じように便秘になることがあります。

「ミルクが合わないいんだと思います。産婦人科にいるときには毎日出ていたから」と言う人もいましたが、これも関係ないでしょう。赤ちゃんは毎日成長、発達するので、同じものを飲んでいたとしても、うんちの状態や回数は変わります。そのため産婦人科にいたときと同じミルクに戻しても、便秘が改善する保証はありません。

ネット記事で「赤ちゃんの便秘の原因は運動不足」と書かれたものも見たことがあります。しかし、便秘をしている子と便秘をしない子とのあいだで運動量に差があるというのは考えにくいです。どちらも赤ちゃんですから、そもそもあまり運動をしないからです。


こうしたデマに振り回される必要は、まったくありません。子どもの便秘に対してやってあげられることは、じつはたくさんあるんです。

子どもの便秘で最も多いのは「機能性便秘」です。大腸の構造そのものには問題や病気がなく、原因らしい原因がないのに、うんちが出づらいという状態です。

これとは別に、大腸の形や長さなどが原因で通りが悪くなる「器質性便秘」があります。いくつかの病気の症状である可能性もあります。排便が極端に少ない、ほとんど出ない、肌に光沢が出るほどお腹が張る、おならが出ない、吐いてしまう……、というときは小児科でよく診てもらいましょう。ほかにも体重がなかなか増えない、血便が出る、便秘と下痢が交互に続く、お腹に触れるとかたまりのようなものがある、という症状があったら、特別な理由があっての便秘なのかもしれません。やはり小児科で診てもらってください。

赤ちゃんの軽い機能性便秘の場合は、綿棒で肛門を刺激する「綿棒浣腸《めんぼうかんちょう》」をやってみましょう。綿棒浣腸とは、綿棒にワセリンやベビーオイルなどを付けて肛門をやさしくつついたり、綿棒を1㎝くらい肛門に入れてゆっくり円を描くように動かしたりすることです。これだけで上手く出ることもあります。

機能性便秘であっても、週3回以下しかうんちが出なかったり、綿棒浣腸では出なかったり、子どもが長時間がんばってもうんちが出なくて泣いてしまったり、肛門が切れて血が出たりするようなら治療の対象になります。小児科、または小児外科で相談しましょう。小児外科は大きな病院にしかないので、まずは小児科ですね。

便秘の赤ちゃんや子どもを連れて小児科に行ったら、まず医師は話をよく聞いて診察をします。背景に病気がなさそうだったら、浣腸をしてどんな便か確認します。すぐに溜まったうんちが出るので、子どももラクになります。

次に、家でやってもらいたいことをお話しします。

○規則正しい生活をする
○食物繊維の多い食事を食べる
○適度に運動する
○ゆとりのある時間にトイレに座る習慣を作る
○うんちが出た日と出なかった日を記録する

ただし、こういった対策は母乳やミルクを飲んでいたり、トイレに座る習慣がまだなかったりする乳児はできないですね。そこで先に紹介した綿棒浣腸をおすすめするか、浣腸や坐薬や内服薬を処方することがあります。

便秘の内服薬には、うんちのボリュームを増やす「浸透圧性下剤」という薬と、腸の動きを早くする「刺激性下剤」という薬があります。これは市販されている大人の便秘薬も同じ。浸透圧性下剤はお腹が痛くなりにくいので飲みやすいようです。

よく「薬などに頼ると、自然に排便できなくなる」というウワサを耳にしますが、じつは全然そんなことはありません。意外かもしれませんが、綿棒浣腸も下剤も癖になりにくいんですよ。つまり、「飲まないとうんちが出ない」「常に薬に頼るようになってしまう」という状況には、まずなりませんので安心してください。

一方で、便秘が続くと、うんちが溜まってしまい、腸が太くなることはよくあります。そうなると子どもは便意を感じにくくなり、さらに便秘が悪化します。それによって、うんちが固くなって排便時にお尻の穴が切れたり痛くなったりすると、子どもは我慢しようとするので、便秘が頑固になりやすいのです。

便秘薬が癖になることよりも、こうして便秘自体が癖になるほうがよほど厄介です。便秘が習慣になっていた子がせっかく便秘薬でラクになったのに、短期間で薬をやめるとまた便秘に逆戻りすることがあります。少なくとも半年間は週に3回以上、苦痛なく出るようになるまで治療しましょう。

子ども用の便秘薬には、薬局などで買える市販薬もあります。〝赤ちゃんの便秘薬〟と謳っている浸透圧性下剤「マルツエキス」は入手しやすいので、近くの薬局やドラッグストアで探してみましょう。

また、インターネットにも、とても有益な情報が得られるウェブサイトがあります。「こどもの便秘の正しい治療」というサイトでは、子どもの便秘についてわかりやすく解説されています。[※1]「排便日誌」をダウンロードすることもできるので、ぜひ一度アクセスしてみてくださいね。

ただし、インターネットには、おかしな情報も多々ありますから要注意です。たとえば、キャラメルを浣腸に使う「キャラメル浣腸」なるものを紹介しているサイトがありましたが、とても危険なので絶対にやめてください。ミルクアレルギーの乳児がアナフィラキシーショックを起こしたという報告があります。

便秘に関しては、さまざまな民間療法があるようですが、どれも危険です。病院で処方される薬を使うより民間療法の方が自然で安全だと思っている人がいますが、反対です。効果と副作用がきちんと検証されている薬のほうがずっと安全であることを知っておいてくださいね。

赤ちゃんの便秘は、大きな病気ではありませんが、毎日のことだから気になるものですし、実際に放置しておいてはいけません。保護者のみなさんはひとりで悩まず、小児科医に気軽に相談しましょう。

※1　小児慢性機能性便秘症診療ガイドライン作成委員会「こどもの便秘の正しい治療」http://www.jspghan.org/constipation/kanja.html

「薬について守ってほしいルールがあります」

自分が子どものときをふり返ると、「お薬を飲むのが好きだった」という人は、なかなかいないと思います。「どうしてこんなまずいものを口に入れなければならないんだろう」なんて思っていましたよね。それなのに自分が子どもを育てる側になると「もう！　なんで飲んでくれないの！」と言いたくなります。薬を飲ませるだけで大変ですよね。

さらに保育園や幼稚園から「朝晩2回で薬を処方してもらったんですか。1日3回飲ませたほうがいいから、昼の分を処方してもらってください」、反対に「1日3回で薬を処方してもらったんですか。うちの園では昼に薬を飲ませることはできません」などと言われた保護者の方から、どうしたらいいかと相談されることがあります。

その前に知っておいてほしいのが、子どもの薬は、体重（kg）あたりの1日量（g、ml）を計算したうえで処方されるものがほとんどだということです。大人の薬が1回1錠、あるいは1カプセルを飲むようにできているのとは違いますね。

子どもが小児科にかかると毎月のように体重を確認されるのは、成長期にある子どもは体重が増えていくためです。わからない場合は、その場で計ります。こうして体重をもとにして割り出した薬の1日量を、ほとんどは1日2～3回に分けて飲みます。

保育園や幼稚園などに通う子が1日3回飲む必要のある薬を処方されたとします。園によっては「投薬指示書」を提出すると昼食後に飲ませてくれることがあります。

しかし、最初から薬を飲ませないと決めている園もあります。すると、日中の分を飲ませることができないので、診察時に「1日2回にしてください」と言ってください。または、通常1日3回の薬は4～6時間あければ次回の分を飲んでもいいので、朝、帰宅後すぐ、寝る前というタイミングだったら1日3回飲めるでしょう。

薬によっては1日1回であったり、1日4回であったりすることもあるので、診察の際に飲む回数とタイミングを確認してくださいね。

では、園から1日2回の薬を3回にするように言われたら、どうすればいいでしょう。どんな薬も2回を3回にしたところで効果が現れるものでもないし、量が多ければより効くわけでもありません。でも、園で「薬を多くしてください」と言われ、小児科では「そんなことをしても意味がないです」と言われたら、保護者は困ってしまいますね。

こうして園で言われること、医師に言われることで板挟みになる保護者がいるのは、とても気の毒なことです。

園から「検査をしてもらってきてください」「薬をもらってきてください」と言われて来院される方がいると、私はまず診察します。そのうえで医師である私が検査や薬の必要がないと判断した場合、保護者の方にご説明します。が、保護者ご自身は納得したものの、園から要注意の保護者と思われてしまうかもしれないのが怖くて自分で園に言うことができない、という場合には私から園に電話することもあります。

子どもの治療方針を決めるのは、保育園や幼稚園ではありません。本来は保護者が心配なときや必要だと思うときに受診し、医師が必要だと判断した場合にのみ検査・投薬を受けるのです。検査や薬を要求するような園があったとしたら、園長や医師に相談するのがいいと思います。

子どもの薬は大人の場合と違って、1回の受診で数週間分や数か月分をもらうことは少ないものです。それでも薬を飲みきらないこともあるでしょう。次に風邪をひいたとき、「前回と同じ症状だから余った薬を飲ませちゃおう」あるいは「余った薬を飲ませてから医療機関に行こう」と考える保護者は、結構いるのではないかとみています。

実際、クリニックへの電話で、または受診の際に「家にあった薬を飲みましたが、いいですよね？」と聞かれることがあります。前回の風邪といっても、場合によっては半年くらい間があいていることもあり、私が診たお子さんだったらカルテに薬の内容がありますし、ほかの医療機関でもらったものでもお薬手帳があると、なんという薬かわかるのですが、その薬の内容がわからない限り、医師は「飲んでいいですよ」と言うことはできません。私だけでなく、どの医師も同じように言うと思います。

子どもの薬は原則として、その症状が出たときに飲むものだと思ってください。飲みきらないうちに症状が治まったら、余った薬は捨てるという前提で処方されています。一見、前回と同じ症状に見えたとしても、原因が違う場合もあります。基本的には、薬が必要なほどお子さんの具合が悪かったら医療機関を受診しましょう。

ただし、症状が出たときのために処方されている薬は、躊躇《ちゅうちょ》なく使いましょう。たとえば、じんましんなどのときに出される抗ヒスタミン作用のあるアレルギーの薬や、喘息発作のときの吸入薬、アナフィラキシーショックを起こした際のエピペンなどです。

では、お子さんのひとりがもらっていた薬を、きょうだいの別の子にあげるのは、どうでしょうか？　いいでしょうか？

前述した通り、子どもの薬は体重あたり／1日あたりで量が決まります。体重が違うと少なすぎたり、多すぎたりします。また、一見同じ症状に思えても、きょうだいの子の調子が悪い原因は違うかもしれません。しかも、治療をするという行為は医師にしか認められていないので、厳密にいうと医師法に引っかかってしまいます。だから、医師や薬剤師は「きょうだいにあげたんですけど、いいですよね？」と聞かれても困惑することしかできません。ちなみに親子間の薬の受け渡しもいけませんよ。

一般に小さい子どもは自分が薬を飲む理由を知りませんから、特に赤ちゃんに飲ませるのには苦労します。吐き出してしまってどうしても飲んでくれず、お尻から坐薬で入れるしかないということもあります。お子さんの体重と年齢、薬の種類によっては剤形も選べます。坐薬がいいとか、シロップがいいとか、粉薬がいいとか、錠剤がいいなどの希望があれば、医師が処方箋を出す前に伝えてくださいね。

また処方箋薬局やドラッグストアなどでは、ゼリー状のオブラートが市販されています。薬の成分に影響がないように工夫されているので、積極的に利用していいでしょう。

そのほか、薬を少しの水で溶いて大人が指で子どもの口の中に塗り、水などを飲ませるという方法、シロップをスプーンやスポイトで口に入れたりするという方法もあります。

アイスクリームのような冷たくて甘いものに混ぜると味がわかりにくくなるので、少しは飲みやすくなるようです。ヨーグルト、ゼリー、プリンに混ぜているという話を聞きますし、ジャムやコンデンスミルクと一緒にという方法もあります。

そこまでやっても、飲んでくれない子は飲んでくれない……、これは困りますよね。どうしても薬を飲めない子は、何が嫌なのかをよく観察してみましょう。私の長女の場合、粉薬のザラザラした感じと、お菓子とは違う甘みが嫌だったようです。成長してからは、どんな薬でも飲めるようになりましたが、当時は「飲めない」と泣く長女を見てこっちまで泣きたくなりました。

医師もなんとかしてお子さんに薬を飲んでもらいたいと思っているのです。「もらってもどうせ飲まない……」とあきらめるのではなく、医師や薬剤師に相談して、一緒にうまくいく方法を考えましょう。

「感染症からの回復後、登園・登校はいつから？」

普通の風邪——つまり上気道炎の場合や、お腹の風邪などの多くの場合、熱などのつらい症状がおさまって、お子さん自身が元気になれば、すぐに登園や登校を再開できますね。でも、インフルエンザなどの特定の感染症の場合は、そういうわけにはいきません。

子どもたちの健康を守るための『学校保健安全法』では、出席停止になる「学校感染症」を指定しています。第1種にエボラ出血熱・天然痘・ペスト・ポリオ・ジフテリア、第2種に麻疹・風疹・おたふく風邪・水ぼうそう・結核・百日咳・咽頭結膜炎・髄膜炎菌性髄膜炎・インフルエンザ、第3種に流行性角結膜炎などがあります。

これらの感染力の強い病気にかかったときは、ほかの人にうつさないよう臨床研究などの報告を基にウイルスや細菌などが体から排出されると考えられる期間、出席を停止することが左の表のように定められているのです。なお、学校感染症で何日休んでも、出席停止という扱いになるので、欠席にはならないと定められています。

学校感染症と出席停止の基準

分類	病名		出席停止の基準
第1種	※1		治癒するまで
第2種	インフルエンザ		発症5日、かつ解熱後2日（乳幼児は3日）が経過するまで
	百日咳		特有の咳が消失するまで、または5日間の適正な抗菌剤による治療が終了するまで
	麻疹（はしか）		解熱後3日を経過するまで
	流行性耳下腺炎（おたふく風邪）		耳下腺、顎下腺、または舌下腺の腫脹の発現後5日間を経過し、かつ全身状態が良好となるまで
	風疹		発疹が消失するまで
	水痘（みずぼうそう）		すべての発疹が痂皮化する（かさぶたになる）まで
	咽頭結膜熱		主要症状が消失後、2日を経過するまで
	結核		症状により学校医その他の医師が感染の恐れがないと認めるまで
	髄膜炎菌性髄膜炎		症状により学校医その他の医師が感染の恐れがないと認めるまで
第3種	コレラ		症状により学校医その他の医師が感染の恐れがないと認めるまで
	細菌性赤痢		症状により学校医その他の医師が感染の恐れがないと認めるまで
	腸管出血性大腸菌感染症		症状により学校医その他の医師が感染の恐れがないと認めるまで
	腸チフス		症状により学校医その他の医師が感染の恐れがないと認めるまで
	パラチフス		症状により学校医その他の医師が感染の恐れがないと認めるまで
	流行性角結膜炎		症状により学校医その他の医師が感染の恐れがないと認めるまで
	急性出血性結膜炎		症状により学校医その他の医師が感染の恐れがないと認めるまで
	その他	溶連菌感染症	適正な抗菌剤治療開始後 24 時間を経て全身状態がよければ登校可能
		ウイルス性肝炎	A 型・E 型：肝機能正常化後に登校可能 B 型・C 型：出席停止は不要
		手足口病	発熱や喉頭・口腔の水疱・潰瘍をともなう急性期は出席停止、治癒期は全身状態が改善すれば登校可能
		伝染性紅斑	発疹（リンゴ病）のみで全身状態がよければ登校可能
		ヘルパンギーナ	発熱や喉頭・口腔の水疱・潰瘍をともなう急性期は出席停止、治癒期は全身状態が改善すれば登校可能
		マイコプラズマ感染症	急性期は出席停止、全身状態がよくなれば登校可能
		感染性胃腸炎（流行性嘔吐下痢症）	下痢・嘔吐症状が軽快し、全身状態が改善されれば登校可能
		アタマジラミ	出席可能（タオル、櫛、ブラシの共用は避ける）
		伝染性軟属腫（水いぼ）	出席可能（多発発疹者はプールでのビート板の共用は避ける）
		伝染性膿痂疹（とびひ）	出席可能（プール、入浴は避ける）

※1 エボラ出血熱、クリミア・コンゴ出血熱、痘そう、南米出血熱、ペスト、マールブルグ熱、ラッサ熱、ジフテリア、重症急性呼吸器症候群（SARS）、急性灰白髄炎（ポリオ）、鳥インフルエンザ（H5N1）など

日本学校保健会　会報「学校保健」311 号別刷 P13 より（一部改編）

保育園は文科省ではなく厚生労働省の管轄ですが、幼稚園などと同様です。子どもが集まる狭い空間は感染症が蔓延しやすいので、安全に集団生活をするための対策が必要ということで、厚生労働省が「保育所における感染症対策ガイドライン」を発表しています。※1

さて、ここで問題です。インフルエンザを発症したお子さんが、抗インフルエンザ薬を使ったこともあって早くに解熱し、発熱した日を0日と数えて4日が経つ頃にはすっかり元気になりました。明日から園や学校に通ってもいいでしょうか？

第3章を読まれたみなさんには簡単な問題だったと思いますが、答えはバツです。発熱した日を0日と数えて5日経つまで、つまり6日目までは登園・登校はできません。これは抗インフルエンザ薬を使ったとしても変わりません。もしくは、保育園・幼稚園に通う子は、解熱後、発熱していない日を3日置いたら登園できます。小学生以上の子は、解熱していない日を2日置いたら登校して構いません。この「発熱から5日後」あるいは「解熱して2～3日後」の長いほうまで、休まなくてはいけません。

登園・登校の可否をめぐっては、小児科医も心苦しく思うことがあります。たとえば、最後の大事な発表会なのにおたふく風邪になってしまい、「残念ながら出席停止です」と宣告しなくてはいけないとき、小児科医もつらいのです。

水ぼうそうは、現在は2回の定期予防接種になったので大流行することは減りましたが、以前は接種していない子、接種していても1回だけの子が多く、心苦しい事例に遭遇することが多かったです。もしも「感染しても軽く済むから打たなくていい」と思う保護者の方がいたら、ぜひ考え直してください。お子さんの思い出に残るだろう大事な日が、家で熱にうなされて寝ているだけの日になるかもしれません。あるいは、熱が下がって元気なのに「行ってはダメです」と言われて、しょげてしまう日になるかもしれません。

インフルエンザも毎年、必ず流行する感染症です。「去年は予防接種をしなかったのにかからなかったから、今年も受けません」と言う方がいますが、それは偶然かからなかっただけです。ワクチンで防げる病気は、ワクチンでしっかり予防しましょう。

園や学校によっては医療機関から登園許可書・登校許可書をもらうように言われることがあります。法律で決められたものではありませんから、要不要や書式が決まっているかどうかなどは、通っている園・学校に確認してください。

登園・登校許可書をもらう場所は、原則的には診断をした医療機関です。たとえば、Aクリニックでインフルエンザと診断され、治ったのでB病院で登校許可書を出してもらおうと思っても、B病院は経過がわからないので出しようがありません。いつから発熱し、いつインフルエンザと診断され、何日休んだかを証明できるのはAクリニックだけです。

ただし、救急外来などで診断された場合は、その限りではありません。お薬手帳や紹介状などを持ってかかりつけ医を受診して発行してもらいましょう。

この許可書をめぐっては、毎年いろいろな〝攻防〟があります。「今週いっぱい出席停止ですか？　発熱したのは昨日じゃなくて一昨日だったかも。金曜から登校できますよね？」といった具合に発熱日を前倒ししようとする人、「うちの子と同時に水ぼうそうになった子が、発表会のために登園していたんです」と抜け駆けした知り合いの話を持ち出す人……。

きっと私のクリニックだけでなく全国にいると思います。もちろん、こうした人は少数派でしょうが、ほかのお子さんにうつしてはいけないし、本人もしっかり治す必要がありますから、出席停止期間は守るようにしましょう。

インフルエンザの場合、発熱して5日間はいったん元気になったように見えても、再び熱が上がってくることがあります。許可書をもらいにいくのは、発熱から5日以上経っていて、なおかつ48～72時間近く熱が出ていないタイミングがいいでしょう。

ただ、私はそうした保護者の焦りがわからなくはないのです。「職場に迷惑がかかるので、これ以上は休めない」「もう熱もないんだから保育園・幼稚園に預けて会社に行きたい」と思ったとしても、お子さんのことを心配する気持ちはあるはずです。突発的かつ数日間程度の休みを受け入れられる職場が日本社会には少ないというところ、母親だけが休みをとることになりがちなところにこそ、問題があると私は思います。

「病気のときくらい親がみてあげなさい」と言う人たちもいます。現在は就労している母が、専業主婦の倍以上います。各家庭の事情も知らずにそんなことを言うのは、無神経ですよね。特にお母さんは、ほかの誰に言われなくとも子どもを置いて仕事に行くことに罪悪感を持つ傾向があります。保護者が家で看病したり、様子をみたりするのがいちばんだということは、誰もがわかっています。子どもにとっても、自宅がいちばん安心できます。それでも現実に仕事を休めなかったり、どうしても出かけなければならない用事があったりすることもあるのです。

そんなときのために、病児保育事業があります。病院や保育所などで病気中の子、病気からの回復期にある子を一時的に保育してくれるというものです。

病児保育の制度は、「子どもには病気でも育てられる権利がある」という考えに基づいたもので、親のためのものではありません。[※2] それでも誰かが子どもを看てくれて働ける制度があると、確実に保護者の安心感につながるでしょう。頼れる人の有無、経済状況、就労状況が一人ひとり違うからこそ、社会全体で子どもを守るという仕組みがぜひとも必要なのです。

対象となる子どもの年齢や病気の状態は市区町村ごとに異なるので、自治体のウェブサイトなどで確認しましょう。といっても、情報が掲載されていないこともあるので残念な限りなのですが……。市区町村の保育園がやっている病児保育以外に、私立の保育園の病児保育、診療所や病院の病児保育、病児保育だけを行う単独施設があります。

熱がある真っ最中はダメで、病気の回復期、病後児でないと預かれないという施設もあれば、麻疹や結核以外の病気なら預かる、というところもあります。普段、保育園に通っている子どもだけを対象とする場合もあります。また、東京の千代田区のように病児・病後児保育としてベビーシッターを利用した場合に、費用の一部を補助するという制度がある自治体もあります

病児保育は、子どもが病気になって初めて連絡するものではなく、事前に登録が必要です。成長発達歴やどういう病気にかかったことがあるか、持病やアレルギーがあるか、予防接種歴などを記入し、登録します。そのときに見学することができれば安心ですね。

通常は、かかりつけ医の診察後、医師連絡票を書いてもらい、前日までに病児保育の予約をします。医師連絡票には、診断名、子どもの状態、感染症などによる隔離の必要性、薬を与えるかどうかとその与え方などが載っています。当日になって、具合がよくなり、病児保育の必要がなくなっていれば速やかにキャンセルの連絡をします。

子どもが病気になったときこそ、保護者だけでなく、いろいろな人の手が必要です。そして、いつなんどき体調不良になったり、インフルエンザなどの感染症をもらってきたりするのかがわからないのが、子どもというもの。いざとなったとき落ち着いて行動するためにも、平時のうちに病児保育について調べて登録したり、手助けしてくれる人を探したりすることをおすすめします。

感染症は、かかったお子さんが最もつらいです。これは言うまでもありませんが、保護者のみなさんもしんどいですよね。寝込んでいるお子さんの看病をしながら家事に追われたり、「いつ仕事に行けるだろう」と途方に暮れ、職場に迷惑をかけているという不甲斐なさと、つらそうな子どもを前にしてつい仕事のことを考えてしまうという罪悪感にさいなまれたり……、という話をよく聞きます。「子どもが病気のときくらい」と言わず、誰もが望んだときに休暇をとりやすい社会になってほしいと願わずにはいられません。

※1　厚生労働省「保育所における感染症対策ガイドライン（2018年改訂版）」 https://www.mhlw.go.jp/file/06-Seisakujouhou-11900000-Koyoukintoujidoukateikyoku/0000201596.pdf

※2　大川洋二『チャイルドヘルス』2019. vol22 No.8

おわりに

最後に、どうしてもお伝えしておきたいことがあります。

子育てをしていて、もしもつらくなったり、イライラしたり、悲しくなったり、嫌になったり、子どもがかわいいと思えないときがあっても、自分を責めないようにしてください。それは、あなたの努力が足りないせいではありません。子育てには長い年月がかかりますから、子どもに対してマイナスの感情を持ってしまうときは、誰にでもあるのです。

診察時、保護者の方から「自分が内心イライラしているとき、子どもにはやさしく接していても悟られてしまうのでは」と相談されたことがあります。たしかに子どもは大好きな保護者をよく見ていますし、お母さんやお父さんがイライラしていたら、表情や言動でわかることもあるでしょう。でも、普段からやさしく接していれば大丈夫。もちろん八つ当たりはしないほうがいいですが、たとえば一度叱りすぎただけで親子の信頼関係が修復不可能になることはありませんから安心してください。完璧な親などいません。

子育てに困難を感じたときは、まずは自分が限界であること、疲れていることを認めて、自分で自分をいたわりましょう。必要なのは、自己嫌悪や罪悪感、自分を責めることではなく、休息をとることと、周囲に助けを求めることです。

体調不良や疲労などがあるなら、休みましょう。子育て以外の部分で問題を抱えているなら、それを解決しましょう。いずれにしても手助けが必要です。破綻しそうになってからではなく、早めに誰かを頼りましょう。誰かに頼ることは悪いことではありません。

両親というのは親が2人いるという意味なので、まず身近なところで夫、または妻を頼ってください。父母のどちらかだけに子育ての負担が偏らないよう、日頃から気をつけておくことも大切です。それ以外にも、子どもの祖父母やその友人、近くの親戚、自分たちの友人、保育園などで知り合った保護者仲間など、頼れる先は多いほうがいいでしょう。

さらに、子育て支援センター、保健所（保健師）、児童相談所、自治体の子育て支援課、一時保育や子育て相談を行っている主に公立の幼稚園や保育園やこども園、民間の託児所やベビーシッターなどを頼ったり、小児科で相談したりするという方法もあります。

私のクリニックの外来を受診して、「子育てがつらくて、このままでは手を上げてしまうかもしれない」と相談してくれた親御さんもいます。とても勇気が必要だったことでしょう。日常的に会っていると相談しやすいので、かかりつけ医を持ってくださいね。

近年は核家族化が進み、孤独に子育てする人も多いのですが、そもそも子育ては親だけで完結しなくてはならないものではありません。ヒトが進化して文化的に発展してくる過程で、子育てはずっと大勢の人が構成する地域やコミュニティで行われてきたはずです。もう昔のような大家族は存在しなくても、現代に合う頼り方はいろいろあります。周囲の人にどうしていたか聞き、どこに助けを求めたらいいか相談してみましょう。

それから子育てをラクにするために、便利なものはなんでも使いましょう。
子どもが急な病気・ケガをしたときに参照するアプリ、小児科受診の際の予約システム、近況報告をし合ったり愚痴を言い合ったりするSNSなども、おすすめです。ただし、おかしな情報が入ってくるのが心配ですが、正しい知識をどうやって手に入れたらいいかということについては本文に書いた内容をぜひ活用してくださいね。家事も、お掃除ロボットや乾燥機能付きの洗濯機、食洗機などでできるだけラクにしましょう。

この本を読んだことで、あなたの肩の荷が少しでも軽くなり、「なんだこういうことからならすぐ始められる」ということがひとつでもあればうれしいです。
これから先、日本の子育てがもっと優しく、易しくなっていきますように。

著者プロフィール

森戸やすみ（もりとやすみ）

1971年、東京生まれ埼玉育ち。小児科専門医。一般小児科、NICU（新生児特定集中治療室）などを経て、現在は東京都台東区谷中のどうかん山こどもクリニックに勤務。医療者と非医療者の架け橋となる記事を書いていきたいと思っている。『新装版 小児科医ママの「育児の不安」解決BOOK』など著書多数。

WEB：https://yasumi-08.hatenablog.com/

小児科医ママが今伝えたいこと！
子育てはだいたいで大丈夫

発行日	2020年3月16日　第1刷発行
	2021年12月15日　第2刷発行
著　者	森戸やすみ
発行者	清田名人
発行所	株式会社 内外出版社
	〒110-8578
	東京都台東区東上野2-1-11
	電話 03-5830-0368（企画販売局）
	電話 03-5830-0237（編集部）
	https://www.naigai-p.co.jp
装　丁	小口翔平＋大城ひかり＋岩永香穂（tobufune）
装　画	北村みなみ
本文デザイン・DTP	小田直司（ナナグラフィックス）
編集協力	三浦ゆえ
	鈴木彩子、北林晃治、松本千聖（朝日新聞社）
印刷・製本	中央精版印刷株式会社

本書は、朝日新聞の医療サイト『アピタル』の連載「小児科医ママの大丈夫!子育て」に加筆し、書きおろしを加えたものです。

ISBN 978-4-86257-508-1